Un'estate tra i delfini

Progetto grafico, editing, impaginazione e redazione: Studio Noesis

I Edizione 2015

www.battelloavapore.it - www.edizpiemme.it

Anno 2016-2017 Edizione 2 3 4 5 6 7 8 9 10

Stampato presso ELCOGRAF S.p.A. - Stabilimento di Cles (TN)

IL BATTELLO A VAPORE

Mathilde Bonetti

Un'estate tra i delfini

PIEMME

Questo libro è per Joan Gonzalvo, ricercatore dell'organizzazione Tethys Onlus, *per la biologa marina Amina Cesario, per il veterinario Sandro Mazzariol e per tutte le persone e le associazioni che, come loro, si occupano di restituire gli animali al loro ambiente e di salvaguardarli con amore quando questo non è possibile.*
Un grazie pericolare a Joan e al Tethys *per la consulenza e alla mia lettrice Caterina Malanetto per avermi raccontato per prima cosa si prova a toccare un delfino.*

Tutto ebbe inizio...

– LO SAI CHE non lo devi fare, Kiki! Tua madre ti scoprirà prima o poi –. Arianna Araldi scosse la testa guardando la sua migliore amica sventolare trionfante una carta bancomat fra le dita.

– Mia madre è talmente presa da se stessa che non ha nemmeno tempo di controllare gli estratti conto – ribatté Kiki, attorcigliandosi una ciocca di capelli attorno all'indice.

«Non ha tempo neanche per me o per papà, che però ha avuto il buon senso di mollarla.» Questo non lo disse, lo pensò e basta.

– Sei perfida – commentò Arianna.

– Dai, lo sai anche tu che mia madre pensa solo alla sua galleria d'arte ora che ha finalmente smesso con le sfilate.

Arianna lanciò uno sguardo eloquente al bancomat. – Sei perfida lo stesso!

Kiki rise. – Niente affatto! Sono un'adolescente in crisi esistenziale perché costretta a vivere con una madre dalla quale non può divorziare. Dai, non fare la guastafeste. Possiamo comprarci tutto quello che vogliamo –. Sorrise sorniona. – La fortuna di conoscere il pin. Ho già adocchiato una nuova cover piena di brillantini per il mio cellulare numero due.

Arianna scosse di nuovo la testa. – Sei veramente incredibile, Kiki. Non conosco altre ragazze con tre cellulari e... Quante sono? Diciottomila... cover abbinabili ai tuoi diciottomila vestiti!

– Intanto i cellulari sono solo due, perché quando vado da mio padre, in quel posto dimenticato da tutti, l'altro non prende un accidente. E comunque, non conosci tipe come me perché... – Kiki si strinse nelle spalle sbattendo le lunghe ciglia che le incorniciavano gli occhi verdi – sono unica. Semplice, no?

– Con quella faccia da angelo riesci a farti amare

pur essendo capricciosa e anche un po'... ladra. Ecco la verità.

– Ehi! Tu dovresti essere mia amica! Non puoi dirmi certe cose. Dai, scateniamo lo shopping compulsivo alla faccia di mia madre – concluse la ragazza, sventolando di nuovo il bancomat, che scintillò nella luce accecante del pomeriggio estivo.

Le due ragazze erano sull'ampia terrazza di villa Borghese.

Quando Kiki ci pensava, le sembrava buffo che quella casa si chiamasse ancora villa Borghese, adesso che ad abitarci erano solo lei e la mamma. Quella era la casa di suo padre, ovviamente prima che sua madre se ne impossessasse grazie al divorzio... Ora papà se ne stava dall'altra parte dell'isola, a Punta del Diavolo. Certo, viveva sulla spiaggia, ma il posto era... un deserto. Non c'era un negozio nel raggio di chilometri e per arrivare al primo centro abitato bisognava fare un quarto d'ora di strada. A piedi. In altre parole, non c'era niente di divertente. Ah, sì, certo, c'era il centro oceanografico, ma per Kiki anche quello faceva parte del "niente". Ecco spiegato il motivo per cui non andava mai a trovare papà. Chissà perché era andato a vivere lassù, isolandosi dal mondo! Fosse stata al suo posto, lei avrebbe mosso mare e monti per tenersi la villa.

– Andiamo al *5Up* o al *Coccinella*? – domandò Arianna, strappandola dai suoi pensieri. Si riferiva ai due centri commerciali più modaioli della città, nella parte a sud dell'isola, dove invece c'era tutto quello che una ragazza di quattordici anni poteva desiderare: negozi, bar, sale giochi, gelaterie, fast-food e ancora negozi…

– Al *5Up*, naturalmente – decretò Kiki, sfregandosi le mani entusiasta. – Voglio almeno comprare i *Demon* e le *Skywalker*! – esclamò, riferendosi ai jeans e alle sneakers più popolari del momento.

– E *5Up* sia! – si rallegrò Arianna. – Però io uso i miei risparmi. Non voglio essere complice delle tue nefandezze.

Kiki le lanciò un'occhiata sdegnosa. – Sei così perbenista.

– Sono una brava ragazza – precisò Arianna.

– Anche io sono una brava ragazza!

Era vero, pensò Arianna. Kiki era un po' snob, aveva più vestiti di quanti fosse in grado di indossarne in due anni, anche cambiandosi tutti i giorni e forse parlava solo di cose assolutamente frivole ma era una brava ragazza.

Persino se rubava a sua madre.

– Kiki, ti sto dicendo che qui vedo una transazione con una cifra *impensabile* effettuata sabato 28 giugno, il giorno del mio vernissage? –. Maela Borghese sollevò gli occhi dall'estratto conto che aveva appena stampato e fissò sua figlia con aria severa. – E mi avrebbero clonato la carta?

Kiki si strinse nelle spalle facendo appello alla massima noncuranza. Da quando sua madre controllava gli estratti conto? Forse era saltato fuori quando era andata in banca il giorno prima. – Succede – disse. – È capitato anche alla madre di Arianna...

Nella guancia di Maela si mosse un muscolo, come se avesse appena serrato i denti sforzandosi di non perdere la calma. – I pagamenti sono stati effettuati tutti al *5Up*, Kiki. E precisamente da *RealGirl* abbigliamento, *Teenage Love* accessori e *Sneaker Passion*.

Kiki fece di nuovo spallucce.

E sua madre perse la calma. – Ma chi credi di prendere in giro?! – esclamò, alzando la voce di un paio di ottave mentre spingeva indietro la sedia di scatto con uno stridio fastidioso. A quel punto, si diresse a passo di marcia verso la camera della figlia.

Passò qualche secondo, poi Kiki capì e la seguì allarmata.

– Mamma, aspetta…

Maela era già nella stanza della figlia a frugare fra la pila di vestiti abbandonati sul letto e sul piano della scrivania.

– Non puoi entrare così in camera mia! – protestò Kiki minacciosa. – Non ne hai il diritto!

Sua madre si voltò e la fulminò con uno sguardo di fuoco. – E tu hai il coraggio di parlarmi di diritti? Hai usato il bancomat a mia insaputa per comprarti questa roba! – urlò, raccogliendo la maglietta nuova con la scritta *Sono cattiva e mi piace* sul davanti e un paio di jeans griffati *Demon*, anche quelli nuovi di pacca. – E anche quelle! – continuò, indicando le scarpe nere che la ragazza aveva ai piedi. – E probabilmente anche quelli – concluse, prendendo due mollettine da mettere nei capelli con il cartellino del prezzo ancora attaccato. – Hai visto quanto costano questi "cosi"? – si indignò. – Ma ti rendi conto, Kiki?

La ragazza contrasse le labbra. – Ah, io dovrei rendermene conto? Ma se tu spendi follie per quei quadri orrendi! –. Anche lei stava urlando. Come sempre quando parlava con sua madre. Con lei si poteva solo urlare.

Maela aprì la bocca e inspirò l'aria di scatto, come se avesse appena ricevuto un ceffone, poi la richiuse. I suoi occhi si ridussero a due fessure e la vena sul collo iniziò a pulsarle in modo evidente. Per un attimo Kiki temette che esplodesse.

Quando sua madre parlò di nuovo, il volume della voce era tornato alla normalità. Era il tono a non essere normale.

Avevano avuto molte discussioni, da un paio d'anni a quella parte. Avevano litigato tanto e male. Ma quella era la prima volta in cui sua madre le parlava così, come se volesse alzare un muro di ghiaccio fra loro.

– Taci – le disse con un'espressione tanto delusa e scostante che Kiki non osò fiatare. – Non hai la minima idea di cosa tu stia parlando. E comunque non sono io a essere in discussione qui. Hai rubato. Ti rendi conto della gravità?

Kiki abbassò lo sguardo. Avrebbe voluto gridarle che

se lo meritava, che era solo colpa sua se si era arrivati a questo, ma non ci riuscì, perché un nodo le bloccò la gola. Non era senso di colpa, no. Non si sentiva affatto in colpa. Era frustrazione. Frustrazione per essere stata scoperta e per quello che sarebbe successo ora. Non le andava di finire in castigo e di passare tutta l'estate a sentirsi riversare addosso veleno da una madre ancora più incattivita del solito.

Quello che non poteva immaginare è che la punizione che l'aspettava andava ben oltre ogni immaginazione.

– L'hai combinata troppo grossa, Kiki. Non posso perdonarti – continuò Maela. – Da domani ti trasferirai da tuo padre e passerai il resto dell'estate da lui.

Ora fu Kiki ad aprire la bocca, inspirando di scatto. Passare l'estate a Punta del Diavolo? – Ma...

– Non una parola! – la zittì sua madre, sollevando l'indice. – Non. Una. Parola.

– Scusa, ma fammi capire... tua madre ti dice che non ti perdonerà e tu sei contrariata perché dovrai passare l'estate a Punta del Diavolo? –. Arianna si sistemò l'auricolare nell'orecchio, stupita di quello che stava sentendo.

– È solo colpa sua se siamo arrivati a questo punto – decretò Kiki solenne. – Se non mi vuole perdonare, che si accomodi.

– Kiki, stai parlando di tua madre...

– Lo so, ma mi rende la vita impossibile.

Arianna scosse la testa, ridacchiando. – Non mi sembra proprio che la tua vita sia impossibile. A scuola tutti ti adorano, sei bella...

– Per questo anche tu...

– Non interrompermi – la sgridò scherzosamente. – Stavo dicendo... sei bella, intelligente a giudicare dai tuoi voti; hai una camera da letto gigantesca, un bagno enorme, un televisore a curva ottica, un armadio a parete pieno di vestiti firmati. Cos'altro...? Ah, sì, e fai tutti gli sport che vuoi. Studi la viola con uno dei maestri più quotati. La chiami vita impossibile?

– Non ho detto che ho una vita impossibile; ho detto che mia madre me la rende impossibile.

– Però devi ringraziare lei per la lista appena fatta.

– Ma non per la bellezza e l'intelligenza – precisò Kiki.

Arianna ridacchiò. – Tua madre è una donna bellissima, infatti è stata una delle modelle più famose, Kiki, e tu non avresti il cervello che hai se fossi cresciuta in un'altra famiglia. Perché ce l'hai tanto con lei?

– Perché pensa solo alla sua galleria d'arte e alla sua immagine, nemmeno facesse ancora le sfilate.

Ovviamente non era solo per questo che ce l'aveva tanto con lei, ma non era un argomento di cui amava parlare.

Arianna, dal canto suo, avrebbe voluto risponderle che, in quel momento, Kiki stava descrivendo perfettamente se stessa, ma si trattenne e optò per un approccio più diplomatico. – Senti, Kiki, perché non provi a scusarti?

La ragazza sollevò il mento con aria di sfida, anche se l'amica non poteva vederla. – Stai scherzando? Me ne vado volentieri in esilio come Napoleone Bonaparte. E, come lui, in un posto dove non c'è niente e nessuno.

– Dai, non fare la drammatica. C'è un sacco di gente a Punta del Diavolo.

– Sì, certo, ci sono quei noiosi del centro oceanografico. E c'è mio padre, che è noioso più di loro. Ma, okay, sopporterò. Avrò tempo per riflettere sulle mie disgrazie – concluse, usando un tono da vittima che proprio non le si addiceva.

Arianna non riuscì a non ridere. – Se non fossi tu, mi saresti antipatica, credo. Sei troppo... – cercò la parola giusta – terribile. Comunque i segnali che non dovevi farlo c'erano, e non solo da parte mia che ho cercato di fermarti.

– Sì, lo so – confermò Kiki. – Quando mi sono accorta di avere perso il bancomat, mi sono sentita in colpa e ho pensato che sarebbe stato meglio tornare a casa... se solo non avessi incontrato quel tizio!

«C'è un problema, Ari...ho perso il bancomat!» aveva detto Kiki frugando nella tasca posteriore dei jeans. Si era fermata di colpo nella galleria brulicante del centro commerciale e le persone dietro di lei per poco non le erano finite addosso.

Arianna l'aveva trascinata verso la balaustra, dove c'era meno passaggio.

«Cosa significa che hai perso il bancomat? Dimmi che non ti stai riferendo al bancomat di tua madre... Dimmi di no...»

Kiki invece aveva annuito frugando anche nelle altre tasche.

«Non è possibile, non l'hai nemmeno usato...»

Ma Kiki aveva scosso la testa e per un attimo nei suoi occhi era passato il terrore.

«E se fosse un segno del destino?» si era domandata fra sé. «Se mi stesse dicendo di lasciar perdere?» Ma poi era arrivato l'annuncio, direttamente dai microfoni del centro commerciale.

La signora Maela Suarez è desiderata al punto informazioni all'ingresso 1. Attenzione: la signora Maela Suarez è desiderata al punto informazioni all'ingresso 1.

Arianna e Kiki si erano guardate allibite.

«Stanno chiamando tua madre...» aveva detto Arianna.

«Avranno ritrovato il bancomat!» aveva sorriso Kiki trionfante mentre afferrava l'amica per un braccio e la trascinava via. «Non può essere altrimenti!»

Meno di due minuti dopo, erano al banco del punto informazioni dove, assieme alla receptionist, c'era un ragazzo più o meno della loro età.

Era piuttosto alto e piuttosto abbronzato, ma lì sull'isola, in quella stagione, l'abbronzatura era normale. Non era normale invece che fosse così carino. Anzi, bello, non solo carino. Biondo, occhi azzurri, spalle larghe.

Doveva essere americano, o forse olandese, pensò Kiki. C'erano un sacco di olandesi sull'isola.

«Sono Maela Suarez» aveva detto Kiki, guardando la receptionist.

Il ragazzo aveva ridacchiato. «Sì, certo, e io sono Brad Pitt.»

Kiki gli aveva piantato in faccia uno sguardo interrogativo. Tutti conoscevano Maela Suarez. Era come dire Claudia Schiffer o Eva Herzigovà. Però quel tizio le era sembrato un po' troppo supponente per i suoi gusti, dopotutto avrebbe potuto chiamarsi anche lei Maela Suarez. I casi di omonimia esistevano.

Poi si era accorta che lui aveva in mano un bancomat...

«Oh!» si era lasciata sfuggire. «Meno male! Pensavo di averlo perso!» e aveva allungato una mano per riprenderlo, ma il ragazzo l'aveva ritratta.

«Sarebbe tuo?»

«Signorina, questo giovanotto ha ritrovato una carta bancomat, come vede,» era intervenuta la receptionist «ma dobbiamo accertare l'appartenenza e...»

«Senta, sono Kiki Borghese, sono la figlia di Maela Suarez.»

Il ragazzo l'aveva fissata sollevando un sopracciglio.

«Quindi non sei Maela Suarez come hai detto e il bancomat non è tuo.»

«No, è di mia madre, ti spiace? Ogni tanto me lo lascia per comprarmi qualcosa.»

«Tu potresti essere chiunque. Chi mi dice che sei la figlia di Maela Suarez?»

«Posso confermarlo io» era intervenuta Arianna.

«Potreste essere d'accordo» aveva obiettato lui in un tono che a Kiki cominciava a dare davvero fastidio.

«Oh, senti, mi stai scocciando» aveva borbottato frugando nella borsa. «Questa è la mia carta d'identità» aveva detto poi, aprendogli il documento sotto il naso. «Vedi: Karina Borghese, via delle Azalee 25, cioè l'indirizzo di villa Borghese. Contento?»

Anche la receptionist aveva allungato il collo per guardare il documento, ma al ragazzo non era bastato. «Questo è il tuo indirizzo. Ma cosa c'entra con Maela Suarez?»

«Oh, ma insomma!» si era spazientita Kiki. Quel tipo era proprio insopportabile! Così pedante. «Le leggi le riviste? Maela Suarez vive a Villa Borghese: lo sanno tutti.»

«Io non leggo le *riviste*» aveva ribattuto lui, sottolineando la parola "riviste" come se fosse un insulto. «Semmai leggo i giornali.»

«Che errore!» aveva detto Kiki sarcastica. «Se leggessi le riviste almeno saresti informato!»

«La ragazza dice la verità» era intervenuta la receptionist. «Maela Suarez vive a Villa Borghese. In effetti, lo sanno tutti... E tu hai gli stessi occhi di tua madre» aveva aggiunto, rivolgendosi a Kiki.

Lei, in risposta, le aveva regalato un sorriso angelico sbattendo le ciglia. «Grazie. Ancora non capisco come il cervello non gli abbia fatto *click* per la somiglianza» aveva continuato come se il ragazzo non fosse lì ad ascoltare. Poi si era voltata verso di lui continuando a sorridere, ma con aria di sfida ora. «Contento adesso? Oppure vuoi accompagnarci a fare shopping almeno vedi che uso il codice pin e sei tranquillo?»

Il giovane aveva sospirato e le aveva allungato la carta bancomat a malincuore. «Se vuoi essere creduta non presentarti con una frottola.»

«Ma che stai dicendo? Di cosa stai parlando?»

«Sei stata tu a presentarti come Maela Suarez. Se dici balle, non pretendere che la gente ti creda.»

Kiki lo aveva guardato dall'alto in basso. «Vieni, Ari,

andiamocene. Questo si crede una specie di jedi o roba del genere.»

E così si erano avviate, ma a Kiki era rimasta la voglia di dover dimostrare qualcosa. Infatti era entrata nel primo negozio accanto al banco informazioni, aveva acquistato due mollettine per i capelli, aveva pagato e le aveva fatte dondolare fra le dita in direzione del ragazzo e della receptionist che ancora la guardavano parlando fra loro.

Dopo essere certa che lui l'avesse vista, gli aveva fatto "ciao" con la mano, sorridendo affettata.

A caccia di valori

GIOVANNI BORGHESE imboccò il vialetto delimitato dai cipressi che conduceva allo spiazzo davanti alla sua vecchia casa e si chiese se la ragazzina che lo aspettava ai piedi della scalinata era veramente sua figlia.

La giovane con le labbra atteggiate a broncio, i capelli biondi arricciati in tanti boccoli lucidi, che sicuramente avevano richiesto almeno un'ora di preparazione, e l'abito di pizzo bianco sopra una canottiera dello stesso colore, sembrava uscita dalle pagine di una rivista di moda.

In quel momento pensò che forse Kiki era cresciuta

troppo in fretta. Era stata abituata da sempre ad avere tutto quello che voleva. Era stato inevitabile.

Prima perché lui, chirurgo plastico, e sua madre, fotomodella, erano sempre via per lavoro, poi perché fra lui e Maela le cose avevano iniziato ad andare male, e dire sempre di sì era stato il loro modo per dimostrarle che le volevano bene anche se erano in crisi. E dopo il divorzio, concederle tutto, sembrava l'unico modo per mantenere una certa vicinanza.

Sicuramente non erano stati dei genitori perfetti, ma era troppo tardi per recuperare, soprattutto per lui. Con il lavoro in ospedale e i congressi all'estero, vedeva Kiki molto di rado. L'ultima volta era stata a Natale. Certo, si sentivano al telefono, ma le conversazioni erano a dir poco imbarazzanti.

«Come va?» chiedeva lui.

«Oh, bene.»

Silenzio.

«La scuola?»

«Tutto okay.»

Kiki era molto brava a scuola e questo almeno era un dato positivo visto che altri ragazzi nella sua situazione non studiavano nemmeno. Per lei invece essere sempre al top in tutto era una forma di orgoglio personale.

«Ti serve qualcosa?» continuava lui.

«Oh, sì, volevo iscrivermi al corso di surf quest'estate.»

O a danza moderna. O a equitazione. O a qualsiasi cosa le passasse per la testa.

«Ti voglio bene, Kiki. Spero di vederti presto.»

«Sì, anche io. Ciao ciao.»

Click.

La conversazione, in genere, si esauriva così. E lui si ritrovava a fissare il telefono sentendosi solo e incapace. Come padre e come marito. Prima che gli tornasse la voglia di riprovare con un'altra telefonata passavano giorni, a volte anche settimane. E poi le cose si ripetevano uguali, in una specie di copione che li allontanava sempre più.

Non sapeva bene se con la madre si comportava in modo diverso, ma quando Maela gli aveva telefonato per raccontargli cos'era successo, aveva capito che la situazione era simile.

«Credo che stare a Punta del Diavolo le farà bene, Giovanni» gli aveva detto l'ex moglie. «Ormai le sue giornate sono centro commerciale, Facebook, sport e qualche festa. Non fa altro. Le importa solo della propria immagine.»

«Forse vuole fare la modella come te...»

«Oh, per favore, non facciamo psicologia spicciola. Il mio ultimo servizio di moda risale a dieci anni fa! È solo una gran pigrona.»

Lui aveva sorriso nella cornetta. «La terrò qui, Maela, non preoccuparti.»

«Vorrei che facesse qualcosa di educativo» aveva continuato la donna. «Tipo pulire la spiaggia o fare servizi sociali. Se fosse più grande le troverei un lavoro. Dopo quello che ha fatto, dovrebbe imparare il valore del denaro.»

«Mi farò venire in mente qualcosa. Ma non posso mandarla a lavorare...»

«Se volesse, potrebbe fare un sacco di cose, Giovanni. Molti dei suoi compagni si danno da fare. Arianna fa la baby-sitter, un suo compagno di classe fa il dog-sitter. Il ragazzo che viene a consegnare la spesa ha tredici anni.»

«Sì, certo, una cosa così potrebbe funzionare» aveva ammesso lui.

«Deve essere una punizione educativa, perché Kiki

sembra essersi dimenticata cosa voglia dire avere dei valori. Io non sono nelle condizioni di gestire questa cosa perché sono troppo arrabbiata con lei. Fra l'altro, devo andare tre settimane a New York, come sai. L'avrei portata con me, per stare un po' insieme, ma dopo quello che mi ha fatto non se ne parla.»

Giovanni aveva sospirato. «Capisco.»

Anche Maela aveva sospirato. «Si sta allontanando. Lo so che è un'età difficile. Lo so che non ci vede più come la mamma e il papà, ma non mi aspettavo che fosse così. Le ho provate tutte. E quando cerco di parlare con lei, parlare *veramente* intendo, risponde a monosillabi.»

Giovanni sapeva cosa stava dicendo. Era la stessa situazione che viveva anche lui ogni volta che le telefonava, o quando andava a trovarla.

«Va bene, Maela: mi farò venire delle idee e cercherò di capire cosa le succede.»

Così ora aveva la sua occasione. La sua occasione per riconquistare una figlia che stentava anche a riconoscere.

– Quindi non avrò paghetta per tutto il mese e sarò isolata dal resto del mondo? È questa la punizione per aver speso una ridicola cifra usando il bancomat della mamma? Cifra che lei guadagna in mezz'ora?

Suo padre le lanciò uno sguardo dal posto di guida della decapottabile d'epoca.

Erano in viaggio da un'ora e la conversazione si stava facendo sempre più difficile. Ma almeno sua figlia rispondeva. Forse perché le si prospettava un'estate molto diversa da quella che aveva pensato.

– Kiki, non stai capendo.

– Cosa dovrei capire? Mi dispiace di aver usato il suo bancomat, ma non mi ha lasciato i contanti della paga e...

– Non è la prima volta. Abbiamo controllato. E comunque non è questo il punto. Se io usassi il tuo bancomat o i tuoi soldi senza dirti niente, come ti sentiresti?

Kiki rimase in silenzio con un broncio lungo un chilometro.

– Non puoi alzare la capote? Mi si stanno rovinando i capelli – disse.

– Si è rotto il comando – mentì suo padre. – E non cambiare argomento. Capisci quello che ti ho detto?

– Mi stai facendo la predica? – si stizzì lei, cercando di prendere di nuovo tempo. – Chissà come mai tu e mamma andate perfettamente d'accordo quando si tratta di coalizzarvi contro di me.

L'uomo sospirò facendo appello a tutta la sua pazienza. – Questa non è una congiura contro di te. Hai fatto una cosa terribile e continui a voler avere ragione.

– Tu non sai niente! – sibilò lei. – Io non voglio avere ragione. Solo che la reazione di mamma e tutta questa cosa mi sembra un tantino esagerata, non credi? Non ho mica rapinato una banca. E come ho già detto, mamma la guadagna in mezz'ora quella cifra.

L'uomo strinse il volante così forte che le nocche gli diventarono bianche. Sua figlia continuava a ripetere le stesse cose senza capire. Senza ascoltare. – Non ha importanza, Kiki! – esclamò con più veemenza di quanta avrebbe voluto. – Dimentica quanto guadagna la mamma, quanto guadagno io e quanti soldi hai usato. Il punto è che li hai usati senza permesso, senza avvertire, senza chiedere. Come se tutto ti fosse dovuto. Ma non è così.

– Cosa vuoi dire? Sono vostra figlia...

– Certo. E avrai sempre tutto quello che ti serve, compresi due genitori che ti vogliono bene, anche se la cosa sembra non importarti. Ma ora si cambia regime: se vorrai una cosa, dovrai guadagnartela.

Kiki lo guardò aggrottando le sopracciglia scure. Di che stava parlando? – Non ho l'età per lavorare, se è questo che intendi. Sarebbe sfruttamento minorile!

Lui ridacchiò. – Se sei abbastanza grande per usare il bancomat di mamma a sua insaputa, sei abbastanza grande anche per lavorare. Potresti dare ripetizioni, ad esempio.

– Stai scherzando, vero? Quelli delle medie non capiscono niente!

– Fino a un mese fa eri alle medie anche tu – le fece notare lui. – E comunque era solo un esempio. Potrebbe anche non essere un lavoro in senso stretto. Ma è ora che tu faccia qualcosa di utile.

– Se vuoi posso venire a dare una mano in ospedale – ironizzò Kiki. – Non vi servono volontari?

Suo padre la fulminò con un'occhiata. – Non scherzare – disse. – Non hai nemmeno idea di cosa significhi fare volontariato –. Fu a quel punto che un'idea prese vita nella testa di Giovanni Borghese. Volontariato!

L'uomo esultò fra sé. Era ancora meglio di qualsiasi lavoro, perché così Kiki sarebbe stata immersa in un'atmosfera di valori nuovi. E poi proprio quella mattina, al bar, aveva visto la locandina, quasi fosse un segno del destino.

– Cos'è che ti diverte tanto? – gli domandò piccata sua figlia, osservandolo dal posto del passeggero.

Evidentemente stava sorridendo. – Ho la cosa che fa per te – rispose lui.

Quando entrarono in casa, Kiki era troppo infuriata per lamentarsi di ciò di cui si era sempre lamentata tutte le volte che era stata lì: la sua camera troppo piccola, il lettino singolo in cui non riusciva nemmeno a dormire, la mancanza di un bagno privato e la conseguente totale mancanza di privacy.

Ora aveva un problema molto più grosso: il fatto che domani suo padre l'avrebbe accompagnata al centro oceanografico dove cercavano volontari per accudire gli animali, pulire le vasche o qualsiasi altra cosa da puzza-di-pesce-saltami-addosso facessero in quel posto.

Avevano già discusso a lungo in auto. Ma più lei aveva cercato di convincere suo padre a ragionare, più lui era stato irremovibile.

«Io sono al lavoro, Kiki, e non puoi passare il mese in casa incollata a Facebook o alla Tv. Tua madre è stata categorica su questo. Siamo d'accordo che tu faccia qualcosa di utile a te stessa e alla comunità. Fine del discorso.»

Erano state le sue ultime parole sull'argomento.

Kiki però non voleva affatto rendergli la cosa facile, così, appena arrivati, si precipitò in camera sua e chiuse la porta. Non aveva alcuna intenzione di cenare con lui, tantomeno di parlare.

Accese il computer e cercò Arianna in chat.

KK–kiss: *Non hai idea. Non poteva andarmi peggio.*

Ari2001: *??*

KK–Kiss: *mi manda al mercato del pesce.*

Ari2001: *????*

KK–Kiss: *il centro oceanografico. Come VOLONTARIA. Ma quale volontaria!! Ti rendi conto?*

Ari2001: *cosa vai a fare?*

KK–Kiss: *e tu lo sai? Non ne ho idea.*

Ari2001: *magari non è terribile come sembra. So che fanno uscite in barca x monitorare i delfini. Potrebbe essere divertente!*

KK–Kiss: *dubito che mio padre mi faccia fare una cosa divertente. Ricordati che sono qui in punizione.*

Kiki stava ancora leggendo la risposta di Arianna quando suo padre aprì la porta. Senza bussare.

– Le tue valigie, Kiki. Le hai lasciate in mezzo all'ingresso.

La ragazza strabuzzò gli occhi e si alzò controvoglia dalla minuscola scrivania su cui era sistemato il suo computer.

– Devi bussare, papà.

Lui sollevò un sopracciglio. – Devi? Ora sei tu che fai le regole?

– Magari mi stavo cambiando! – si indispettì lei. – Quindi sì, questa è una regola. La mia. Altrimenti anche io entro in bagno senza bussare!

A quel punto si alzò, uscì, trascinò le valigie in stanza e poi uscì di nuovo dirigendosi a passo di marcia verso la porta sul retro.

– Dove pensi di andare? – domandò suo padre.

Kiki sollevò il mento e gli rispose piccata. – Dove vuoi che vada in questo posto? In spiaggia, almeno lì avrò un po' di privacy!

– Coprifuoco alle dieci – disse lui.

– C-cosa? –. Kiki non andava a letto alle dieci da quando aveva dodici anni. E di sicuro le dieci non era l'ora di andare a letto durante le vacanze!

– Questa è la mia regola – rispose suo padre davanti alla sua faccia interrogativa, adottando lo stesso tono perentorio che aveva usato lei poco prima.

Kiki sbuffò e uscì lasciando la porta aperta.

Incontri inaspettati

IL SOLE STAVA TRAMONTANDO a picco dietro un promontorio, verso ovest, e Kiki si stupì per l'ennesima volta di quanto fosse veloce la sua discesa.

C'era ancora un filo di luce dorata sulla spiaggia e lei sollevò il viso come se volesse sentirne la calda carezza.

Avrebbe preferito essere con Arianna, magari in una delle spiagge giù a sud, nella zona turistica, dove a quell'ora si accendevano i falò e si organizzava qualche festa.

Però anche lì non era male.

Certo, non c'era nessuno, ma era da una vita che

non si godeva un tramonto da sola e in qualche modo era... riposante. Sì, ecco la parola giusta, riposante.

Seduta lì, con le dita dei piedi affondate nella sabbia bianca era in compagnia solo di se stessa e dei suoi pensieri.

Il rumore del mare era molto diverso senza gli schiamazzi della gente e la musica. Sembrava più intenso e più rilassante al tempo stesso, come una nenia primitiva. Incredibile che il paesaggio fosse tanto diverso da un capo all'altro dell'isola: così curato e pieno di vita giù a sud, così selvaggio e deserto in quella zona.

Punta del Diavolo. Chissà perché la chiamavano così. Kiki non l'aveva mai capito.

Per un attimo si dimenticò persino di essere arrabbiata. Ma poi si voltò a guardare la veranda della casa di suo padre, una cinquantina di metri alle sue spalle, e le tornò alla mente il motivo per cui era lì.

Non solo tutti i piani che aveva fatto per la sua estate erano sfumati, compreso il viaggio a New York; non solo era finita nel posto che criticava e denigrava, quel deserto dimenticato da tutti, ma ora doveva pure presentarsi al centro oceanografico, una "palestra di nuovi valori", come diceva suo padre.

Fu proprio mentre stava tornando a girarsi verso il mare che notò un movimento alla sua sinistra. Sussultò. Un cane stava scavando ferocemente nella sabbia, nel punto in cui i pini marittimi si diradavano. Scattò in piedi. Non le piacevano i randagi.

L'animale la sentì e alzò il muso dalla buca piantandole in faccia i suoi occhi ambra.

Solo che non era un cane.

Era una volpe.

Kiki sussultò di nuovo, questa volta di meraviglia. Non aveva mai visto una volpe dal vivo.

Fu solo un attimo, perché poi l'animale fuggì sparendo nei cespugli.

– Ehi! – protestò la ragazza. – Guarda che non ti facevo niente!

Si diresse verso la zona in cui stava scavando la volpe. Sì, certo, i cani scavano. E probabilmente anche le volpi. Ma per quale motivo?

Si avvicinò e vide uno scempio di gusci bianchi fra la sabbia smossa e le radici di qualche felce. All'inizio non capì e aggrottò le sopracciglia. Chi aveva buttato tutte quelle uova? E poi capì. Ma certo! Era un nido! Non sapeva di che uccello ma era decisamente un nido e quella volpe stava facendo una scorpacciata.

Kiki si chinò a guardare meglio. C'erano ancora diverse uova intere. Molte, in realtà. Quella volpe conosceva la strada e sarebbe tornata non appena lei se ne fosse andata, ne era sicura. Aveva tutta la notte a disposizione…

«Ma anche io ho tutta la notte a disposizione» pensò Kiki istintivamente. Alla faccia del coprifuoco di suo padre. Si sarebbe accampata lì e avrebbe protetto le uova a costo di dormire all'addiaccio.

Così tornò a casa, pronta ad affrontare papà, che però sembrava già andato a dormire. In salotto c'era solo la vecchia lampada Tiffany accesa e dalla camera provenivano, ovattati, i suoni della televisione accesa. Kiki si avvicinò alla porta e sollevò la mano per bussare, ma poi la lasciò ricadere. Che senso aveva svegliarlo? Si voltò e si diresse verso la sua stanza: si infilò una giacca impermeabile, poi prese una coperta e un pezzo di carta su cui scribacchiò due righe per suo padre.

Non riesco a dormire. Provo in spiaggia qui davanti.

A quel punto andò in cucina e lasciò il biglietto sulla macchinetta del caffè. Stava per uscire, quando le venne un'altra idea: aprì il frigo e buttò nello zaino un po' di roba a caso, chiedendosi cosa potesse piacere a una volpe... Le uova sicuramente. Prese la confezione da sei, ma anche una vaschetta di prosciutto, una mela, una bottiglietta d'acqua e un tupperware con della pasta al tonno avanzata.

Alla fine uscì, cercando di non fare rumore con la porta. Una volta sul patio mise lo zaino e la coperta su un lettino da mare che sollevò e portò giù dai gradini. Appena fu sulla sabbia, però, lo appoggiò a terra e, afferrato lo schienale, lo trascinò fino al nido. Lo sistemò proprio sopra la buca, in modo che la coprisse, e stese la coperta. Prima di adagiarsi prese dallo zaino i viveri e li disseminò fra i cespugli dove la volpe era sparita.

Solo allora tornò al lettino e si allungò cercando una posizione comoda.

Il cielo sopra di lei era già scuro e le prime stelle cominciavano a baluginare tra le fronde dei pini marittimi.

Non aveva mai dormito all'addiaccio. Sì, certo, era a pochi metri da casa, ma le sembrava un'avventura e, per la prima volta da diversi giorni, si ritrovò a sorridere.

Il suo ultimo pensiero prima di addormentarsi fu

che se la volpe avesse apprezzato prosciutto, uova e pasta al tonno forse avrebbe lasciato in pace il nido...

Stava sognando che un gigantesco volatile cercava di svegliarla. Forse era "la mamma" di quelle uova...

– Ehi, vuoi svegliarti?

Il volatile parlava. Ed era fastidioso. Ma tanto era solo un sogno, si disse Kiki sforzandosi di non tornare alla realtà.

– Non puoi stare qui, ho detto! – insistette la voce.

Se solo avesse avuto la capacità di pilotare il sogno, lo avrebbe mandato via, anche se si fosse trattato della proprietaria di quelle uova. E l'avrebbe mandato via in modo poco gentile, questo era certo.

Poi si sentì toccare il braccio, la sensazione le sembrò troppo fisica per essere solo un sogno.

Aprì le palpebre strizzando gli occhi e trasalì mormorando qualcosa di incomprensibile.

Due occhi azzurri la fissavano divertiti. Appartenevano a un ragazzo biondo e abbronzato che conosceva fin troppo bene.

Si rannicchiò contro lo schienale del lettino, quasi volesse allontanarsi da lui. – Che ci fai tu qui?

– Oh, buongiorno anche a te! – rispose lui sempre più divertito. – Faccio censimenti, comunque. E tu che ci fai qui?

Perché la stava guardando in quel modo?

Poi Kiki si rese conto che si era appena svegliata dopo una notte all'aperto, che non si era struccata, e che... oh, accidenti, doveva essere un orrore! E non si era nemmeno lavata i denti!

– Cosa ci fai qui? – chiese di nuovo lui. – Ti chiami Chicca, ricordo bene?

Lei strabuzzò gli occhi: detestava quando storpiavano il suo nome. – No, Kiki.

Cosa significava che stava facendo censimenti?

– Su questa spiaggia è vietato accamparsi – proseguì il ragazzo imperterrito.

Lei grugnì, esasperata. – Senti, che scocciatura! Io ci abito qui, okay?

– Ma non vivevi a Villa Borghese? Ti piace proprio sparare frottole, eh?

Kiki gli piantò in faccia uno sguardo furioso, ma ignorò la frecciatina. – Comunque non mi sono "accampata" – continuò, imitando il suo tono perentorio. – C'era una volpe: voleva mangiarsi tutte le uova di qualche uccello che ha pensato bene di fare il nido qui sotto. Così mi sono solo messa di guardia.

Il ragazzo la osservò aggrottando le sopracciglia, poi si allungò per guardare sotto il lettino.

– È un nido di tartaruga, non di uccello – le disse sorridendo. – Quindi avresti salvato la covata? Cavolo, mi devo ricredere su di te. Pensavo fossi una di quelle perfettine di città. Ma in effetti a guardarti ora non sembri così…

Se non avesse ridacchiato, Kiki avrebbe pensato che le stava facendo un complimento. – Cosa vuoi dire? – domandò guardinga.

– Sembri un panda. Quella cosa che vi mettete voi ragazze sugli occhi ti si è sbavata tutta.

Lei aprì la bocca indignata. Stava per dirgli qualcosa di poco carino, ma l'ombra di qualcuno si stagliò su di loro nel controluce dell'alba.

– Cosa sta succedendo qui? –. La voce di suo padre sembrò una frustata. – Kiki, mi sembrava di averti detto a casa alle dieci. Il tuo letto è intatto…

La giovane sbiancò. Papà l'aveva appena trovata in spiaggia con un ragazzo… – Non… non è come pensi!

– Buongiorno, mi chiamo Ruben Conti – disse il

giovane. – Sono di turno come guardaspiaggia per il centro oceanografico. Stava dormendo qui e l'ho dovuta svegliare perché è vietato accamparsi, ma lei... be', dice di abitare in zona – concluse con l'aria compiaciuta di uno che aveva appena smascherato una bugia.

– È mia figlia. Sono Giovanni Borghese – confermò suo padre, indicando con il pollice la casa alle spalle. – Abitiamo lì.

– Oh –. Il ragazzo sembrava sorpreso, e Kiki lo guardò inclinando la testa, con un sorriso trionfante. Poi prese la parola. – Comunque, no, papà, non sono stata in spiaggia a spassarmela. Ho solo salvato una covata di tartarughe marine – concluse sempre più trionfante, indicando la buca sotto di sé.

Giovanni Borghese si avvicinò per controllare e sorrise con un'espressione stupita. – Tu hai dormito in spiaggia per salvare delle uova di tartaruga? –. Ma il suo stupore durò solo un attimo. – Lo sapevo che eri perfetta per il centro oceanografico!

Ora era il ragazzo a guardarla stupito. – Hai qualcosa a che fare con il centro? – le chiese.

– Voleva offrirsi volontaria – rispose suo padre prima

che lei potesse dire altro. – Veniamo domani per il colloquio.

Ruben aggrottò le sopracciglia. Poi scosse la testa, incredulo. – Tu? Sei sicura?

Kiki non sapeva se era più infastidita da quello che aveva detto suo padre negli ultimi minuti o da quello che stava dicendo quel ragazzo negli ultimi secondi. – Perché ti sembra così strano? – domandò, sollevando il mento con aria di sfida.

– Perché non mi sembri una tipa da centro oceanografico – rispose, fissando il suo vestitino di pizzo bianco.

Oltre le apparenze

IL CENTRO OCEANOGRAFICO era costituito da quattro baracche. Niente di più.

Kiki le stava osservando a bocca aperta, ancora seduta nell'auto, cercando di capire come le riviste naturalistiche e certi servizi al telegiornale potessero dedicare spazio a quelle… quelle catapecchie. Sì, certo, erano su una spiaggia di sabbia bianchissima, davanti a un mare talmente trasparente e incontaminato che sembrava una cartolina, ma non era comunque consolante.

– E io dovrei stare qui? – domandò, voltandosi a guardare suo padre. – È uno scherzo, vero?

– Kiki, è un centro oceanografico, non un acquario o uno zoo marino.

Lei alzò gli occhi al cielo. Sapeva che non era un parco acquatico, ma in realtà aveva immaginato qualcosa del genere… Non le sarebbe piaciuto ugualmente, però se fosse stato simile a uno zoo marino si sarebbe divertita un po' di più.

– È ancora peggio di quanto credessi. Non avranno nemmeno un bagno qui!

– Così non andrai a specchiarti ogni dieci minuti – sospirò suo padre.

Kiki sbuffò. Aveva parlato di bagno perché aveva pensato di doversi sistemare i capelli prima di parlare con chiunque. Lo faceva sempre anche a scuola: appena arrivava, prima di entrare in classe, andava in bagno a controllare di essere abbastanza carina per affrontare i compagni.

E lo avrebbe fatto anche lì, ma ora il problema le sembrava più serio, perché era sicura che in un posto del genere un bagno non ci fosse proprio.

La sensazione che la situazione fosse peggiore di quanto si aspettasse fu confermata anche quando entrarono in una specie di container che ospitava la cosiddetta "direzione". Era poggiato sulla sabbia, in leggera pendenza, per cui all'interno si aveva la sensazione di cadere in avanti.

Kiki era convinta di trovarci della gente, tipo ricercatori, etologi da tutto il mondo e cose simili. Invece non c'era nessuno, a parte un'anziana con la pelle cotta dal sole e dei lunghi capelli bianchi che sedeva a una delle quattro scrivanie sgangherate, davanti a un computer altrettanto sgangherato. E i Pc sugli altri tavoli non erano da meno, notò Kiki, con quei monitor giganteschi antidiluviani. Il concetto di schermo piatto era evidentemente sconosciuto da quelle parti.

– Posso aiutarvi? – domandò la signora.

– Sono Giovanni Borghese. Ho telefonato ieri e...

La donna gli tese la mano e si illuminò. Aveva un bel sorriso e, a guardarla meglio, se non fosse stato per i capelli bianchi, non sembrava così attempata. – Oh, dottor Borghese, buongiorno. Che piacere. Ha parlato con me, sono Lia Fucoli.

– Buongiorno...

Lo sguardo della donna si spostò su Kiki. – E questa deve essere Kiki.

– Purtroppo sì – borbottò la ragazza.

Suo padre la ammonì con un'occhiataccia, ma lei lo ignorò continuando a guardarsi attorno.

– Non farti impressionare dalle apparenze – sorrise la donna. – Questa parte è molto spartana, me ne rendo conto, ma il centro non ha tanti fondi... è già un miracolo se possiamo permetterci degli uffici – disse indicando tutto intorno con un gesto della mano. – Ma abbiamo le radio, abbiamo le barche per il monitoraggio della fauna, abbiamo il veterinario e un ragazzo della tua età che ci aiuta. E poi, naturalmente, ci sono i giardini.

– I giardini? – domandò Kiki, incuriosita.

– È lì che teniamo gli animali e...

Lia Fucoli si interruppe spostando l'attenzione su qualcuno alle loro spalle, mentre un sorriso le increspava il volto di mille rughe. – Oh, Ruben! Proprio di te avevamo bisogno!

Kiki e suo padre si voltarono.

E Kiki spalancò gli occhi. Ancora lui! Non era possibile! Il ragazzo le aveva detto che collaborava con il centro oceanografico, ma lei aveva immaginato che il suo compito fosse solo di controllare le tartarughe e le spiagge in cui depositavano le uova. Invece ora se lo ritrovava anche lì. Poi un pensiero la fece sorridere fra sé. «Non mi ci vedevi proprio in questa catapecchia che chiamate centro oceanografico, eh?» avrebbe voluto punzecchiarlo. «Invece eccomi qui.»

– Per favore, Ruben, – continuò Lia – mostra il centro a Kiki. È nuova e…

– Ho già avuto il piacere.

– Vi conoscete?

– È lei quella della covata di tartarughe – mormorò il ragazzo.

– Oh! Allora sei proprio la persona giusta! Dai, mostrale i giardini e tutto il resto – continuò, rivolgendosi di nuovo a Ruben. – Io e il dottor Borghese dobbiamo sbrigare un po' di burocrazia per reclutare ufficialmente la nostra Kiki.

Kiki si fermò a scalciare via l'ennesimo sassolino che le si era infilato nel sandalo di perline, e Ruben ridacchiò. Si stavano dirigendo verso i famosi "giardini", lungo un sentiero accidentato fra gli scogli, mentre Kiki si chiedeva che razza di giardini potessero esserci in un posto tanto impervio a meno di una decina di metri dal mare! E quel tipo continuava a ridere! E poi la luce del sole del mezzogiorno la infastidiva facendole socchiudere gli occhi.

– Complimenti per esserti messa i pantaloni lunghi, – disse lui senza smettere di ridacchiare – ma sei ancora fuori strada.

Kiki ripensò a quella mattina, quando davanti allo specchio stava cercando di decidere se per il suo "colloquio" al centro era meglio indossare un abitino denim o i jeans. All'inizio aveva optato per l'abito: dopotutto un colloquio è roba da ufficio. Ma poi le erano venute in mente le parole di quel ragazzo detestabile quando l'aveva incontrata in spiaggia. «Non mi sembri una da centro oceanografico.» Così alla fine aveva scelto i jeans. E i sandali, perché al mare sono di rigore. Lo dicevano anche le riviste di sua madre… Non poteva immaginare che lì ci fossero tutti quei sassi!

– Senti, pensavo fosse diverso qui. Credevo aveste degli uffici normali e… –. Perché stava cercando di giustificarsi? Ma lui non le diede il tempo di formulare una risposta.

– Non hai visto le foto del centro su Internet?

– Sì, ma pensavo che quelle baracche fossero… tipo i depositi per gli attrezzi.

Lui cacciò una risata sonora. – Quindi, secondo te, sul sito del centro mettono le foto dei depositi degli attrezzi e non del centro stesso?

Kiki si stizzì. – Si può sapere che vuoi? Cosa stai cercando di dimostrare?

– Che non te ne importa niente di essere qui. Avrai anche salvato una covata di tartarughe, ma la tua motivazione è zero. Non te ne importa niente di quello che facciamo al centro e se hai aperto davvero il sito, è solo per capire a che ora puoi tornare ai tuoi centri commerciali.

Lei si fermò nei suoi passi e aspettò che il ragazzo si voltasse a guardarla. Allora socchiuse gli occhi. – Chi ti credi di essere per giudicarmi? Non ti hanno insegnato a non badare alle apparenze?

Lui la guardò, divertito. – Perché? Dici che mi sbaglio? Muori dalla voglia di riempire secchi di pesce da portare ai tursiopi?

Kiki non aveva nemmeno idea di cosa fossero i tursiopi, ma non intendeva dargli la soddisfazione di chiederglielo. E di sicuro non intendeva rispondergli. – Sai una cosa? Non sono obbligata a fare conversazione con te, quindi risparmiati per quelli che ti sopportano meglio di me –. Fece una pausa, incrociando le braccia al petto. – Ammesso che ce ne siano – aggiunse.

Ruben scosse la testa mentre riprendeva a camminare lungo il sentiero. – E hai anche un pessimo carattere. Peggio per te: ti svelerò il minimo indispensabile di questo posto, allora. Da questa parte, comunque.

Aveva appena terminato la frase, quando Kiki li sentì cantare per la prima volta.

Sembravano voci di bambini piccoli che gorgheggiavano gioiosi in una spiaggia da qualche parte, sotto di loro.

– Chi canta così? –. Non era esattamente una domanda, più un pensiero ad alta voce.

Ruben le fece cenno di raggiungerlo in cima al sentiero e le offrì la mano per aiutarla, ma lei lo ignorò inerpicandosi da sola.

E a quel punto rimase a bocca aperta.

Erano sulla vetta di una scogliera che finiva a precipizio sul mare. Ai lati diversi gradini naturali portavano verso la spiaggia di una piccolissima baia, in cui l'acqua cristallina assumeva tutte le gradazioni di verde e blu. Già quella vista era abbastanza per togliere il fiato, ma c'era qualcos'altro che aveva appena lasciato Kiki senza parole.

I delfini.

Erano tre, tutti di color grigio chiaro, che sotto i raggi del sole assumeva sfumature argentee. Sembrava giocassero fra loro, perché nuotavano vicini entrando e uscendo dall'acqua, ma appena li videro affacciarsi dalla scogliera, cominciarono a saltare e a rigirarsi festosi.

– Hai un bel sorriso – disse Ruben.

Kiki si voltò a guardarlo e si rese conto che stava sorridendo. Un sorriso spontaneo e luminoso come non le capitava da giorni, forse settimane.

– Loro sono Akira, Susanna e Codamozza – continuò il ragazzo. – I nostri tursiopi. Akira e Susanna sono state ritrovate da cucciole. Probabilmente sono rimaste orfane così sono state allattate artificialmente. Codamozza, invece, è la nostra mascotte. Quando lo abbiamo trovato era conciato malissimo e non si è mai ripreso del tutto...

– Cosa gli è successo?

– È rimasto impigliato in un pezzo di rete che si è trascinato dietro per chilometri, non si sa nemmeno come... Era così stretta attorno alla coda che gli hanno dovuto amputare parte della pinna caudale per l'infezione che si era creata. Ora ha una protesi, anche se è molto diversa da quella di Winter…

– Chi è Winter?

– Una delfina americana.

Kiki era allibita. Quel tizio conosceva un sacco di cose.

– È molto famosa fra chi conosce i delfini, perché le hanno amputato completamente la coda e le hanno costruito una protesi grazie alla quale è tornata a nuotare. Hanno fatto anche un film sulla sua storia. A Codamozza è successa più o meno la stessa cosa, solo che la protesi è più… come quella del draghetto di Dragon Trainer. Lo hai visto?

– Veramente no. Non guardo i cartoni animati.

Lui sorrise. – Dovresti. Non si è mai troppo grandi per i cartoni animati.

– Wow, che pillola di saggezza.

– Ragazza cinica. Comunque la protesi di Codamozza prende metà coda, non tutta come quella di Winter. L'ho disegnata io, sai?

Kiki lo guardò scettica.

– Sì, puoi chiedere a Lia. Io sono bravo con il disegno

tecnico e... quando hanno operato Codamozza e ci chiedevamo cosa sarebbe stato di lui, be'... mi è venuta l'idea, proprio perché avevo visto quel cartone con il draghetto infortunato. Per questo dico che non si è mai troppo grandi per i cartoni animati. Non sai da dove può venire una buona idea.

– Quindi questi delfini sono... vostri?

– Sono del centro. Purtroppo per i loro trascorsi non possono essere rimessi in libertà.

Kiki aggrottò le sopracciglia. – Ma non scappano? Insomma, qui sono liberi...

– Sembra che lo siano, e almeno questa è una consolazione al fatto che non possano più vivere in mare aperto –. Il ragazzo indicò dei galleggianti rossi appena visibili in lontananza, in fondo all'insenatura. – Questo è un bacino controllato. Laggiù è chiuso –. Sorrise prima di continuare. – Ma almeno non è un acquario! Sono comunque nel loro ambiente, nel mare dove sono nati e cresciuti. E poi possono chiamare i loro amici.

Kiki incrociò le braccia in attesa del resto. Era sicura che lui buttasse lì frasi senza senso per farsi fare domande, e lei non voleva dargli la soddisfazione di farle.

– I tursiopi si chiamano per nome, sai? Il loro fischio è considerato una firma ed è unico. Nessun delfino ce l'ha uguale a un altro, ma ogni fischio contiene informazioni identificative che gli altri capiscono e riconoscono. Per questo Codamozza, Akira e Susanna possono chiamare altri tursiopi che vivono in mare aperto e comunicare con loro.

L'entusiasmo di Ruben quando parlava dei delfini, anzi dei tursiopi, era contagioso e Kiki dovette distogliere lo sguardo per non farsi coinvolgere ulteriormente dalla conversazione che aveva promesso a se stessa di non sostenere. Tornò a guardare gli animali che facevano dentro e fuori dall'acqua sotto di loro, con i rostri affusolati protesi all'insù e le bocche aperte per i loro gorgheggi simili a quelli dei bimbi.

– Ci stanno chiamando – continuò Ruben con lo stesso entusiasmo. – Vieni, scendiamo.

– C-cosa? – si lasciò sfuggire lei stupita. Scendere su quei gradini naturali così irregolari e scoscesi significava rovinarsi definitivamente i sandali *LilianBell junior* (sempre ammesso che fosse riuscita a stare in piedi!).

Ma Ruben scambiò il suo stupore per l'incredulità di potersi avvicinare ai delfini. – Si lasciano accarezzare, sai. E parlano – disse, offrendole di nuovo la mano mentre cominciava a scendere.

E lei di nuovo la ignorò, spingendo gli angoli della bocca all'ingiù. Poi si chinò ad armeggiare con l'allacciatura dei sandali.

– Che stai facendo? – domandò Ruben.

Per tutta risposta Kiki si sfilò i sandali e si raddrizzò facendoli dondolare per il cinturino di perle.

– Ma così ti distruggerai i piedi!

«Meglio i piedi che questi» pensò lei. Ma non lo disse.

– Ho capito! – rise lui. – È una manovra per farti prendere in braccio, come nelle favole.

Kiki gli lanciò un'occhiataccia e lo superò. – Continua a sognare. E comunque, ricordati che qui sei tu quello che guarda i cartoni animati.

– Te l'ho già detto che hai un pessimo carattere?

La ragazza non si preoccupò di nascondere il sorriso che le era salito alle labbra, perché tanto era davanti e lui non poteva vederlo.

Kiki non poteva credere ai suoi occhi. I delfini li avevano raggiunti a riva.

Se ne stavano in quella striscia di acqua bassa e

trasparente appena prima della battigia e si muovevano alzando spruzzi con le loro code e le loro virate strette.

Ruben si sfilò le scarpe e andò loro incontro, mentre la schiuma bianca gli inghiottiva i polpacci muscolosi.

– Buongiorno, bellezze! Vi presento Kiki, una nuova recluta, sempre che regga.

I tre animali si agitarono nell'acqua, quasi avessero capito e volessero salutare.

Kiki era ferma a riva, a guardare incredula la scena.

Ruben si frugò nella tasca dei bermuda e tirò fuori un sacchettino trasparente pieno di pesci. Kiki si portò una mano alla bocca. Quel ragazzo girava con del pesce in tasca?!

– Vi ho portato uno snack – disse lui, estraendo dalla plastica una sardina, mentre uno dei tre delfini sollevava il muso dall'acqua per prenderla.

Kiki notò che aveva una fila di buffi dentini conici e che i suoi occhi sembravano incredibilmente vividi, come se registrassero tutto.

Non sapeva ancora se era più forte la meraviglia per quegli animali bellissimi che facevano sorridere solo a guardarli o il disgusto per il pesce crudo contenuto in quel sacchettino.

Ruben si voltò verso di lei. – Dai, vieni a conoscerli, altrimenti penseranno anche loro che hai un brutto carattere –. Poi si alzò, la raggiunse, le prese una mano e le piazzò sul palmo uno dei suoi "snack".

Kiki avvertì il corpo viscido fra le dita e si sentì svenire. Era un pesce morto! Un pesce morto! Deglutì cercando sia di trattenere la nausea sia di non lasciare la presa, perché non aveva alcuna intenzione di mostrare a Ruben quanto le facesse schifo. Se quel tipo stava cercando di spaventarla o di dimostrare che non era all'altezza, si sbagliava di grosso!

Così strinse il pesce e senza nemmeno arrotolarsi i jeans, entrò nell'acqua tiepida di quell'insenatura incantata. Uno dei tre delfini le si avvicinò, sfiorandole le gambe con il muso. Non solo: emerse anche per guardarla. La fissò per qualche secondo, dritto negli occhi, con uno sguardo così penetrante che la trafisse.

Kiki dimenticò il pesce morto, dimenticò la nausea, dimenticò che quello era l'ultimo posto dove voleva essere. Sentì il cuore battere forte nel petto e, per un attimo, ebbe la sensazione di essere sul punto di piangere, tanta era la bellezza e l'intensità di quel momento.

Ma fu solo un istante, perché poi l'animale emise un verso stridulo, facendola trasalire.

– C-cosa... perché fa così? – chiese, voltandosi verso Ruben.

– Ti sta chiedendo il pesce.

Lei allungò la mano trattenendo il fiato.

E il delfino lo prese fra le labbra con una delicatezza inaspettata. La fissò ancora un attimo, poi divorò il suo boccone. E infine fece su e giù con il muso, con un gorgheggio dolce, molto diverso da quello stridulo di poco prima.

– Adesso ti sta ringraziando – le spiegò Ruben.

Kiki allungò di nuovo la mano, attratta da una forza che non avrebbe potuto spiegare. Già, perché era impossibile capire come mai all'improvviso desiderasse tanto stabilire un contatto con l'animale che l'aveva appena incantata.

Fu il delfino a toccarla: azzerò i pochi centimetri che li separavano con un movimento del corpo e si strusciò contro la sua mano.

Kiki sussultò per la seconda volta in pochi istanti, sentendo sotto le dita la sua pelle bagnata. Era senza squame, senza pori, morbida e liscia. Se l'avesse toccata a occhi chiusi, l'avrebbe scambiata per gomma bagnata. E a differenza del pesce che le aveva messo in mano Ruben, era calda.

– Le piaci – disse Ruben. – Strano, Akira è diffidente con gli estranei...

Kiki sorrise, e questa volta non si preoccupò di nasconderlo. – Forse è perché, a differenza di qualcun altro, lei non guarda le apparenze e ha capito subito che sono super simpatica!

La classica emergenza

– DUNQUE, Kiki, ora che tuo padre se n'è andato e che i moduli sono firmati, fai parte dello staff a tutti gli effetti – disse Lia Fucoli, un'ora dopo.

– Mio padre se n'è andato? – si stupì lei, aggrottando le sopracciglia scure. – Quindi inizio oggi? Ma... ma non ho i vestiti adatti... – obiettò, pensando alla T-shirt con i brillantini e ai jeans ultimo modello già infradiciati fino a metà coscia.

Lia rise. – Se vuoi cambiarti quei pantaloni bagnati, ho qualcosa negli spogliatoi. Anzi, anche qui – disse, prendendo da uno dei cassetti della scrivania un paio di orribili bermuda a fiori. «Salvatemi!» pensò Kiki, sforzandosi di non storcere il naso. – E comunque ti farò fare solo lavoro d'ufficio: basta che rispondi al telefono e ti appunti tutto. Se c'è un'emergenza, ci chiamerai con quella – e indicò la radio.

Kiki si guardò attorno spaesata. – Aspetta... quindi state andando via? Ma... Io non so cosa...

In quel momento un uomo robusto, con i capelli rasati, comparve sulla soglia dell'ufficio. – Lia, abbiamo pochissimo tempo...

– Hai conosciuto Kiki? – fece lei per tutta risposta. – Kiki, questo è Sandro, il nostro veterinario. È esperto in cetacei ed è prezioso per noi. Lo amiamo.

L'uomo le fece un "ciao" con la mano. – Sei una nuova? Meno male che ne è arrivata una!

– C-ciao... – rispose Kiki. – Che significa «meno male che ne è arrivata una»?

– Significa che non si presentano molti volontari – rispose Lia, infilando nello zaino una mappa, un cannocchiale e un tablet. – In questo momento sei l'unica. Oltre a noi, naturalmente.

Il famosissimo centro oceanografico era portato avanti da tre persone? – Quanta gente lavora qui? – chiese a quel punto Kiki.

Sandro ridacchiò, mentre Lia contava sulla punta delle dita. – Siamo io, Sandro, Ruben; poi c'è Paulo, che porta fuori i ricercatori per le osservazioni in mare, ma in queste settimane è in Grecia. Almeno non è partito anche Gioele, l'incaricato dei rifornimenti e dell'alimentazione degli animali in cattività. Ora è con Ruben in mare.

Kiki rimase a bocca aperta. Okay, quindi erano cinque. Meglio di tre, ma sempre... pochi!

– Abbiamo anche qualche collaboratore esterno – precisò Sandro. – Quelli dell'ufficio stampa, alcuni studenti universitari e ricercatori che vengono qui per fare pratica e per gli stage. Ma in questo periodo, con l'estate, spariscono tutti! Hai già visto i giardini? – le domandò poi. – È lì che ci sono gli animali in cattività.

Kiki aggrottò di nuovo le sopracciglia. Ah, già, i giardini... Alla fine non era così sicura di aver capito cosa fossero. – Ho visto i tre delfini nel bacino, ma giardini... non mi sembra.

Sandro e Lia risero divertiti. – Sono quelli i giardini! – disse Lia. – Li chiamiamo così per via dell'acqua verde dell'insenatura.

«Già, come ho fatto a non capirlo» pensò Kiki, ironizzando fra sé.

– Ma dove state andando? – domandò in allarme, mentre Lia infilava altra roba nello zaino.

– Comunque ci sono anche altri animali – disse senza risponderle. – Ruben non ti ha detto niente?

Lei abbassò lo sguardo. Non era stata molto socievole, in effetti.

«Non sono obbligata a fare conversazione con te.» E lui aveva ribattuto per le rime: «ti svelerò il minimo indispensabile di questo posto, allora».

– Ci siamo interrotti quando lo hai chiamato – disse alla fine, stringendosi nelle spalle. Ed era vero. Lia gli aveva telefonato sul cellulare mentre lui e Kiki erano ancora ai giardini.

– Hanno telefonato per una segnalazione su una tartaruga – confermò Lia, rivolgendosi a Sandro, che evidentemente non sapeva ancora nulla. – L'hanno recuperata alcuni signori che stavano facendo immersioni. Ha le zampe imprigionate in un imballaggio di plastica che si usa per le lattine delle bevande.

– Se la gente smettesse di buttare rifiuti in mare… – borbottò Sandro.

– Comunque Ruben è andato a controllare e a cercare di risolvere la cosa – continuò Lia. – Se riesce a liberarla sul posto, meglio... meno traumi per l'animale. Altrimenti la porterà qui. Noi dobbiamo scappare, Kiki. Una delfina che abbiamo liberato qualche tempo fa sta partorendo e dobbiamo monitorarla...

– Ve ne andate davvero?

– No, è uno scherzetto! – la prese in giro Sandro.

Lia gli diede un buffetto. – Cerca di non farla scappare che siamo a corto di personale! E tu, Kiki, stai tranquilla: resteremo fuori un paio d'ore al massimo. Rispondi solo al telefono – ripeté. – Prendi nota di tutto: ora della chiamata, chi è, da dove, coordinate se si trova in mare e situazione. Se è un'emergenza, c'è la radio. Prendi questo, – disse afferrando una specie di walkie-talkie – pigi questo bottoncino nero e parli. Dall'altra parte ci siamo io o Sandro. Tutto chiaro?

Kiki non era sicura se annuire o no.

– Dobbiamo andare, Lia – intervenne Sandro.

La donna le lanciò un ultimo sguardo e le mise in mano i bermuda a fiori. Poi si issò lo zaino in spalla e seguì il collega. – Se vuoi puoi usare il computer – le disse prima di sparire dal rimorchio. – E se vai in bagno portati il cordless. Su quel foglio comunque ci sono anche tutti i nostri numeri di cellulare.

Kiki aveva la sensazione che i minuti scorressero lentamente.

Non sapeva da quanto tempo Lia e Sandro se n'erano andati, ma se l'orologio a parete, quello del suo cellulare e quello del Pc non avevano avuto un buco temporale tutti insieme, era passata mezz'ora a malapena. Sembrava un'eternità.

Il caldo sotto il sole del pomeriggio in quel conteiner travestito da ufficio era insopportabile. I ventilatori a soffitto non facevano altro che muovere aria torrida. Aveva la fronte imperlata di sudore e continuava a passarsi la mano sopra il labbro superiore. Non si era specchiata nemmeno una volta da quando era arrivata lì ed era sicura di avere un aspetto orribile.

Aveva pensato di tornare dai delfini. Ci aveva anche provato, ma a pochi metri dall'ufficio, si era accorta che il telefono cordless non prendeva: aveva un'autonomia di una ventina di metri dalla sua base, purtroppo. Così era tornata alla scrivania e aveva cercato Arianna in chat, anche se il calore del Pc faceva innalzare ulteriormente la temperatura. Meno male che Lia le aveva lasciato i bermuda, perché con i suoi jeans, per giunta bagnati, non avrebbe resistito.

L'unica consolazione era che Arianna riusciva sempre a distrarla.

Ari2001: *aspetta, fammi capire: Ruben sarebbe il ragazzo del centro commerciale? Quello supercarino???*

KK–Kiss: *non è supercarino, è pedante.*

Ari2001: *hai le fette di salame sugli occhi. È stracarino. Solo che siccome ti ha tenuto testa non vuoi ammetterlo.*

KK–Kiss: *sono io che gli ho tenuto testa!!!*

Ari2001: *non ci discuto con te. Comunque lo hai incontrato in spiaggia e lavora lì? È un segno del destino! Hai tutte le fortune, cavolo.*

KK–Kiss: *è parte della punizione, altro che fortuna! E poi... QUALE destino?*

Ari2001: *dai, sei in un paradiso di spiagge bianche senza turisti. Al tuo fianco un ragazzo carino. Cosa vuoi di più?*

Kiki ridacchiò prima di risponderle.

KK–Kiss: *perché non sai il resto...*

Ari2001: *ti ha baciato???*

KK–Kiss: *smettila. Ho fatto amicizia con un delfino*
Ari2001: *wowwowwow!!! RACCONTA!!!*

Fu a quel punto che arrivò la chiamata.

All'improvviso, Kiki sentì una voce maschile gracchiare e sussultò. Dov'era finita quella baracca di telefono? Lo cercò concitatamente fra le carte sulla scrivania. Rovesciò una bottiglietta di acqua, che per fortuna era vuota, e trovò il telefono sotto le pagine di una rivista di cetacei.

– Sì? – rispose affannosamente nell'apparecchio. Poi si schiarì la voce. – Centro Oceanografico, buongiorno.

Ma dall'altra parte rispose il *tu-tu* della linea libera. Intanto la voce gracchiò di nuovo ruvida e animata da qualche parte sul tavolo. – Mi sente, sì o no? Qui *La Sirena*, passo.

La radio! Ma certo!

Come si rispondeva?

La ragazza prese la ricetrasmittente e pigiò il tasto che le aveva fatto vedere Lia.

– Centro oceanografico – sussurrò. Doveva dire passo o buongiorno?

– Alla buon'ora. Ho un delfino impigliato nella rete!

Kiki rimase lì impietrita, con la ricetrasmittente in pugno mentre il suo cervello cercava di registrare il messaggio. Intanto sullo schermo davanti ai suoi occhi Arianna sollecitava una risposta.

Ari2001: *??? Pronto???*
KK–Kiss: *devo lasciarti.*

– Signorina, mi sente? Passo.

– Ehm... io... ho bisogno dei suoi dati e...

– Lei non ha capito. È un'emergenza! Uno dei vostri delfini è finito nella mia rete da pesca! Solo che sembra messo male, parecchio... c'è sangue e...

Sangue? Kiki deglutì.

– Deve mandarmi subito qualcuno, okay? – gracchiò l'uomo. – È già tanto se ho chiamato. Questi animali ci complicano il lavoro e basta. Sto perdendo un sacco di tempo qui!

Kiki fece un respiro profondo, cercando di ricordare tutte le istruzioni di Lia mentre il tizio continuava a lamentarsi. – Ho bisogno di sapere chi è lei e da dove chiama, altrimenti non riesco ad aiutarla.

– Qui Alvaro Mascagni dal peschereccio *La Sirena*.

Sono al... – e seguirono una serie di coordinate geografiche che Kiki non sapeva nemmeno come scrivere.

– Può ripetere per favore? –. Afferrò una penna e scarabocchiò i numeri che l'uomo le ripeté stizzito.

– Mandate qualcuno perché io non posso aspettare – concluse poi. – E conciato così, nemmeno il vostro delfino. Passo.

La comunicazione fu interrotta bruscamente, ma Kiki non avrebbe saputo dire se l'uomo aveva chiuso o se era caduta la linea, sempre che fosse possibile per radio.

Per un attimo rimase lì a fissare quello che aveva scritto cercando di capire cosa fare. Poi pigiò di nuovo il bottone e cercò di chiamare Lia.

– Pronto? Pronto, Lia! Sono io, Kiki.

Perché si sentiva solo un fruscio dall'altra parte?

– Lia sono io!

Accidenti, sembrava così semplice quando aveva risposto a quel tizio.

Kiki sentì l'angoscia salire dai piedi e percorrerle la schiena.

Ripensò alle parole di Lia. «Su quel foglio comunque ci sono anche tutti i nostri numeri di cellulare.»

Afferrò il cordless e compose il primo, quello accanto al nome di Lia Fucoli.

Il cellulare da lei chiamato potrebbe essere spento o irraggiungibile.

Accidenti!

Il secondo numero era accanto al nome di un'altra donna, una certa Sara Duarte, ma non l'avevano nominata prima. Forse non lavorava più lì, quindi lo scartò.

Fece scorrere l'indice al terzo numero. Sandro Mazzariol. Perfetto.

Il cellulare da lei chiamato potrebbe essere spento o irraggiungibile.

La ragazza riattaccò stizzita mentre i polpastrelli le scivolavano sul telefono bollente. Asciugò la mano e l'apparecchio nei bermuda continuando a scorrere il foglio. Sentiva il cuore che le martellava nel petto, ma era sicura che fossero solo il caldo e la concitazione del momento.

Il numero successivo era di Gioele, ma avevano detto che era con... Ruben.

Storse la bocca e compose il numero del ragazzo, che almeno conosceva di persona.

Uno squillo, due, tre. Almeno non era irraggiungibile...

– Rispondi, rispondi! – sibilò lei. E proprio mentre parlava, lui prese la comunicazione.

– Pronto?

– Sono Kiki.

– Wow – scherzò lui. – Allora ho fatto colpo se hai chiesto il mio numero.

Lei strabuzzò gli occhi, mentre attaccava a parlare in preda al panico. – C'è un'emergenza, Ruben. Hanno trovato un delfino ferito e… dice che perde sangue, ma io… io… è ferito!

– Frena, frena! – esclamò lui. – Non ci sto capendo niente! Chi ha chiamato?

– Un pescatore, credo. Un certo Alvaro e qualcosa.

– Okay, arrivo.

– Ma…

– Non preoccuparti, è una classica emergenza del nostro centro.

Click.

Eye contact

KIKI ERA SEDUTA LÌ, con il cordless ancora in mano e le parole di Ruben ancora nell'orecchio, mentre il calore all'interno dell'ufficio sembrava aumentare di minuto in minuto. Aveva la sensazione che il caldo facesse rumore. Era come se sfrigolasse. Oppure era il suo cuore che martellava e nel silenzio sembrava assordante?

Lei non era mai stata il tipo che si faceva impressionare. Anche quando le capitava di guardare un film d'azione, uno "spara-spara" come li definiva Arianna, non si lasciava vincere dalle emozioni. Ma quando quel pescatore aveva parlato del delfino ferito e del fatto che fosse conciato male, le era scattato qualcosa dentro. Ora l'impotenza, oltre al fatto di non sapere come muoversi per aiutarlo, la facevano sentire come una pentola a pressione.

Stava per sbattere un pugno sul tavolo quando sulla soglia comparve una figura.

– Eccomi.

Era Ruben.

Lei aprì la bocca per lo stupore e la richiuse di scatto. – C-come… come hai fatto a essere già qui?

– Stavamo ormeggiando quando hai chiamato –. Lui indicò con il pollice da qualche parte alle sue spalle. – Eravamo già al molo.

«Quale molo?» pensò Kiki. Evidentemente il centro era pieno di sorprese se c'era anche un molo con le imbarcazioni, oltre agli animali che non aveva visto.

Il ragazzo entrò e le gettò una muta da sub. – Sai nuotare?

– Certo che so nuotare!

– Bene, infilatela –. Sorrise guardandole i bermuda. – Ti starà sicuramente meglio di quelli.

Kiki avrebbe ribattuto volentieri, ma stava succedendo tutto troppo in fretta. E solo in quel momento notò che anche lui indossava una muta e che aveva i capelli bagnati.

– Dobbiamo muoverci – continuò il giovane.

– Ma io non… Lia ha detto…

– Gioele sta parlando con lei per radio, dalla barca. Sa già più o meno tutto. Ci raggiungono sul posto. Devo solo dar loro le coordinate.

– Le ho scritte qui – rispose subito lei, allungandogli il pezzo di carta.

– Bene. Andiamo – la esortò, uscendo dal locale.

– Devo venire anche io?

Lui si voltò a guardarla con un mezzo sorriso. – Non sappiamo com'è la situazione, ma è sicuro che dobbiamo portare qui un delfino ferito di duecento o anche trecento chili. Meglio una persona in più che una in meno. Dai, sbrigati. Quella puoi mettertela in barca.

Meno di tre minuti dopo, Kiki si ritrovò a salire su un grosso motoscafo con cabina che era ormeggiato a un piccolo molo di legno a una cinquantina di metri dall'ufficio. C'erano anche un motoscafo più piccolo e un paio di barche a remi.

Il centro era davvero pieno di sorprese. E ancora non

sapeva quali altri animali ospitasse oltre ai delfini, né dove li tenessero…

In cabina, ai comandi, c'era un uomo alto e atletico che parlava alla radio e fece loro cenno di sbrigarsi.

Kiki si tolse di nuovo i sandali prima di salire, ignorando Ruben che la osservava. Appena mise piede sull'imbarcazione scivolò barcollando paurosamente con le braccia aperte. Sarebbe finita a terra se Ruben non l'avesse afferrata al volo. Kiki si aggrappò con una mano alle sue braccia, mentre con l'altra stringeva la muta che lui le aveva dato come se fosse un appiglio solido. Quando sollevò lo sguardo, i loro volti erano così vicini che sussultò.

– Dai, piccioncini, sbrigatevi! – li incalzò l'uomo a bordo.

Ruben la lasciò e passò al tizio il foglio con le coordinate, che lui lesse nella ricetrasmittente. – Ci vediamo lì, passo – concluse poi, chiudendo la comunicazione.

– Lui è Gioele – lo presentò Ruben. – Gioele, lei è Kiki.

– Piacere – fece lui squadrandola da capo a piedi con un sorriso divertito. – Wow, un'altra principessina.

Ruben ridacchiò.

– Non sono una principessina! – si impuntò lei. Come si permetteva quel tipo?

L'uomo rise e fece manovra. – Hai il fiore nei capelli, lo smalto ai piedi, il portamento e tutto il resto. Me ne intendo di principesse, io.

– Ne ha sposata una – le sussurrò Ruben, mentre il motoscafo si allontanava dal molo e prendeva velocità.

– Allora... questo delfino? – volle sapere Gioele.

– Il tizio che ha chiamato ha detto che è ferito... – riferì Kiki.

– Si è ferito nella rete?

Lei scosse la testa. – Non lo so. Immagino di sì.

L'uomo si rabbuiò. – I pescatori e le loro reti!

– Almeno questo pescatore ha avuto il buon cuore di chiamare il centro – osservò Ruben.

– Già, molti se ne sarebbero fregati – convenne Gioele, aumentando ulteriormente la velocità della barca.

Il mare sembrava una tavola lucente e le uniche onde a increspare le acque in quel pomeriggio estivo erano quelle provocate dallo scafo. Kiki socchiuse gli occhi contro la luce intensa. Non aveva idea di dove stessero andando.

– Ehm... – si schiarì la voce, guardando la muta che aveva in mano. – Dove posso cambiarmi?

Ruben e Gioele si lanciarono uno sguardo divertito. – Puoi infilartela lì – disse poi Ruben, indicando il sedile a poppa, dove lei si era sistemata.

– Qui? – Kiki pensò che doveva spogliarsi per infilarsi quella roba, ma non aveva alcuna intenzione di farlo davanti a tutti!

– Non abbiamo molto spazio – si giustificò Ruben. Poi ridacchiò. – Comunque non sbirciamo, se è questo che ti preoccupa.

Lei sbuffò. – Voltati, allora – disse, facendogli cenno con la mano di girarsi. Gioele almeno era impegnato a guidare, anche se continuava a ridacchiare.

Quando fu certa di non essere osservata, Kiki si sfilò i bermuda e, restando seduta dov'era, si infilò la muta e la tirò su fino alla vita. Ora veniva la parte più difficile, perché l'idea di togliersi la T-shirt la imbarazzava, anche se Ruben le dava le spalle.

Si alzò e si voltò, giusto per essere sicura, puntellandosi con il ginocchio al sedile per non perdere l'equilibrio. Solo allora si sfilò la maglietta dalla testa e tirò su la muta. Lanciò uno sguardo oltre la propria spalla mentre terminava l'operazione e con la coda dell'occhio fu certa di vedere Ruben voltarsi verso poppa.

– Avevi detto che non sbirciavi! – si indignò.

– E chi ha sbirciato? – fece lui per tutta risposta, mentre Gioele ridacchiava di nuovo senza distogliere gli occhi dalla rotta.

Kiki sbuffò e, pur di ignorarli, si mise a fare qualcosa che non faceva mai: ripiegò gli indumenti che si era tolta.

Quando risollevò lo sguardo, oltre la cabina, vide un'imbarcazione con lo scafo sporco e una specie di gru stagliarsi a poca distanza da loro. Capì che si trattava di un peschereccio dall'odore. La puzza di pesce la investì in una zaffata maleodorante e per un attimo si chiese se per caso erano le sue mani… Si annusò le dita, ma quando vide che Ruben la stava guardando, fece finta di niente.

– È quello – spiegò il ragazzo, indicando il peschereccio, quasi avesse intuito i suoi pensieri.

Kiki si stupì che fossero già arrivati, ma considerando le chiacchiere, il fatto che si era cambiata e la velocità del motoscafo, forse non avevano fatto così in fretta. O forse ora che si stavano muovendo, il tempo aveva ricominciato a scorrere normalmente.

Gioele rallentò. – Ci siamo.

Dal momento in cui raggiunsero il peschereccio, il tempo accelerò.

Kiki lo vide prima che il pescatore gridasse: – È lì!

Il delfino era praticamente in superficie, almeno in parte, vicino a un galleggiante.

Era capovolto.

Ed era immobile.

Kiki gli vide il fianco chiaro affiorare dall'acqua assieme a una delle due pinne pettorali.

Sentì una morsa stringerle il cuore. – Perché non si muove? – disse in un sussurro.

– Può essere entrato in fase catatonica – rispose Ruben alle sue spalle, mormorando anche lui.

Kiki non si era resa conto che fosse dietro di lei, così vicino. E non si era nemmeno resa conto di aver parlato ad alta voce.

– Ma è morto? – gridò Gioele al pescatore.

Questo si strinse nelle spalle. – Prima si è voltato per respirare, credo.

– Crede? – Gioele si rabbuiò. Aggrottò le sopracciglia e distolse lo sguardo per un attimo, ma poi tornò a puntare i suoi occhi trasparenti sull'uomo affacciato sopra di lui. – E quanto tempo è passato?

Kiki non riusciva a staccare gli occhi dall'animale, mentre la stretta che sembrava serrarle il petto si faceva sempre più pressante. Il pescatore aveva parlato di sangue, ma dal suo punto di osservazione non riusciva a vedere altro che lo specchio azzurro dell'acqua. Certo che il delfino era proprio immobile…

E poi, mentre il pensiero che fosse troppo tardi si insinuava nella sua mente, l'animale mosse impercettibilmente la pinna pettorale. All'inizio Kiki non fu sicura. Forse era stato il movimento del mare a spostargliela, ma alla fine il delfino rotolò sul fianco ed emerse con muso e testa quanto bastava per respirare.

La ragazza si ritrovò a sorridere mentre si portava una mano sul cuore con un sospiro.

– È vivo! – esclamò Ruben.

Anche Gioele sorrise. – Ruben, te la senti di cominciare a controllare la situazione? Ecco che sta arrivando Lia – aggiunse, indicando una barca, ancora in lontananza.

Kiki notò che non era molto diversa dal peschereccio, anch'essa con una specie di gru a poppa.

– Okay, cominciamo a liberarlo noi – rispose Ruben, affrettandosi a prendere qualcosa da una cassetta degli attrezzi. – Tu mandaci subito Sandro. Tieni Kiki, indossa questa – aggiunse, allungandole una maschera con il boccaglio. – Sai come si fa, vero?

Lei annuì, anche se la domanda era retorica: su un'isola come quella chi non aveva fatto snorkeling almeno una volta?

Un attimo dopo, Ruben le mise in mano un paio di grosse forbici con il manico di plastica. – Mentre queste sono per tagliare la rete.

Kiki rimase a guardarlo. E doveva avere gli occhi sgranati perché lui sorrise. – Tranquilla, è come tagliare una corda.

– Ma...

Il ragazzo prese un paio di pinne e le passò anche quelle. – Non c'è tempo da perdere, andiamo.

Il mare l'avvolse nel suo abbraccio liquido attutendo voci e rumori. Kiki seguì Ruben e nella sospensione ovattata delle prime bracciate pensò al mascara.

Non era sicura di avere usato quello waterproof e la maschera non sarebbe servita granché. Per non parlare di come le si sarebbero ridotti i capelli…

Fu solo un attimo però, perché poi le pinne di Ruben che frusciavano nell'acqua davanti ai suoi occhi la riportarono al motivo per cui si trovava lì.

Continuò dietro al ragazzo mentre un senso di vertigine le attanagliava lo stomaco. Un appuntamento con un delfino in fin di vita non era esattamente consueto per lei. E probabilmente non lo era nemmeno per la stragrande maggioranza dei suoi coetanei. Anche se non le era mai capitato di essere impreparata per un'interrogazione perché voleva essere sempre prima in tutto, immaginava fosse proprio quello che si provava quando non si aveva studiato niente. Solo che qui era ingigantito, centuplicato.

Ruben si voltò e le fece cenno di rallentare.

Kiki vide il delfino attraverso il vetro della maschera. E guardarlo da quella prospettiva, in acqua, era ancora più angosciante.

Attorno alla coda dell'animale c'era un groviglio nerastro che lo teneva ancorato al resto della rete quasi in verticale, con la pancia all'insù. Il muso e la testa erano rivolti verso l'alto e affioravano in superficie. Era l'unica cosa positiva, perché almeno respirava, ma tutto nel suo atteggiamento, così immobile e abbandonato, lasciava intuire la sua spossatezza.

Ruben ricominciò a muoversi, facendole cenno con la mano di procedere piano. Ormai erano a pochi metri. E quando finalmente anche quella distanza fu azzerata, Kiki si rese conto che il pescatore aveva ragione. C'era sangue. L'acqua aveva una sfumatura scura attorno al corpo del delfino...

Kiki afferrò il braccio di Ruben e gli indicò il punto, anche se lui doveva averlo già visto perché annuì. Le fece un altro cenno, come se volesse indicarsi in mezzo alle scapole, ma lei non riuscì a capirlo. Forse le stava dicendo che l'animale aveva una ferita alla schiena.

Il ragazzo allora sollevò la testa dall'acqua e si tolse il boccaglio per parlarle. – È ferito alla pinna dorsale – disse. – Ma la priorità è liberarlo in modo che possa respirare senza sforzo, okay?

Kiki annuì.

– È decisamente catatonico perché si muove appena, quindi non c'è rischio che scappi senza essere medicato. Tagliamo appena sotto la coda, tanto

Sandro e Lia lo porteranno al centro: la parte di rete che resterà attorno alla coda possiamo eliminarla dopo, con calma.

Kiki annuì di nuovo. Poi Ruben si infilò di nuovo il boccaglio e ricominciarono a nuotare. Si avvicinarono muovendosi piano per non spaventarlo, ma solo quando furono così vicini da poterlo toccare, l'animale diede segno di accorgersi di loro.

E accadde qualcosa che Kiki non avrebbe più dimenticato per il resto della sua vita.

Come aveva fatto Akira al centro, anche questo delfino la guardò. Incrociò i suoi occhi dietro la maschera e la fissò con un'espressione triste. Per un attimo il tempo sembrò fermarsi. Kiki ebbe la sensazione che in quello sguardo ci fosse un grido di dolore che veniva dall'anima e una richiesta d'auto così tangibile da toccarla nel profondo. L'occhio era velato, come se non esistesse più speranza, ma al tempo stesso sembrava implorare salvezza.

Mai prima di quel momento, Kiki si era sentita così, come se avvertisse ciò che l'animale provava. Lei, che era sempre stata concentrata su se stessa e a malapena sapeva cosa fosse l'empatia per i suoi simili, si ritrovò connessa in modo inspiegabile a una creatura di un'altra specie che vedeva per la prima volta.

Giurò che lo avrebbe liberato da quella rete, perché vederlo lì, in quelle condizioni, faceva male al cuore.

Ruben le toccò il gomito per attirare la sua attenzione e interruppe il momento. Poi prese le forbici che aveva infilato nella cintura della muta e le fece cenno di fare altrettanto.

Per arrivare alla coda del delfino, che era a circa un metro e mezzo sott'acqua dovevano immergersi in apnea.

Kiki fece un paio di respiri profondi e seguì Ruben, che si mise subito ad armeggiare nel groviglio appena sotto la coda. Lei lo imitò, ma non poté fare a meno di cercare di nuovo lo sguardo dell'animale e allungare una mano per sfiorargli il corpo, quasi volesse dirgli che ora c'erano loro e che andava tutto bene. Lo sentì fremere impercettibilmente sotto le dita, ma anche in quel caso fu solo un attimo, perché Ruben sollevò il viso e lei capì che doveva darsi da fare.

A quel punto si dedicò alla rete.

Le maglie erano spesse, indurite dall'acqua e a Kiki sembrava impossibile che si fosse annodata in quel modo su se stessa, oltre che attorno alla pinna, ma probabilmente più l'animale aveva cercato di liberarsi, più aveva peggiorato la situazione.

Ruben le mostrò il modo in cui tagliare e lei fece lo stesso.

Incise più punti slabbrando la rete, ma poi i polmoni cominciarono a bruciarle. Fece cenno a Ruben che doveva risalire per respirare. Lui annuì e la seguì.

– Tutto okay? – le chiese, togliendosi il boccaglio appena furono fuori dall'acqua.

– Io sì –. Si voltò a guardare il delfino, che in quel momento era emerso con il muso per respirare a sua volta. – Come sta, secondo te?

– È molto debole... di solito sono più reattivi. La ferita alla pinna è brutta. Non ho visto bene, ma sembra profonda.

– Ce la farà, vero? – domandò lei senza distogliere lo sguardo dall'animale.

Si voltò verso Ruben solo perché non le rispondeva. Lo vide corrugare un angolo della bocca, esitante. Poi i suoi occhi si spostarono su qualcosa alle spalle della ragazza. – Per fortuna sta arrivando Sandro – sussurrò. – È l'unico che può dirci se ce la farà.

– Prima mi ha guardato… – annaspò Kiki mentre muoveva gambe e braccia per stare a galla. – Il delfino, intendo. Era come se chiedesse aiuto…

– Lo so, loro ti guardano negli occhi. Al centro lo chiamano *eye contact*, contatto visivo. E quando lo fanno è come se ti vedessero dentro e si facessero vedere. Vedere davvero, capisci?

Sì, forse capiva…

Ruben fece una pausa. – Vieni, finiamo di liberarlo.

Una lunga notte

RUBEN E KIKI impiegarono diverso tempo a liberare il delfino dalla rete che gli ancorava la coda, e in quel momento, anche se erano impegnati a lavorare freneticamente con le forbici, il tempo divenne di nuovo interminabile. I minuti sembravano ore e, a ogni secondo che passava, Kiki aveva la sensazione che le possibilità per l'animale si stessero affievolendo, perché avvertiva che era sempre più fermo e più inerte.

Sandro li aveva raggiunti e ormai era in acqua anche lui, solo che stava lavorando alla ferita, e né Kiki né Ruben avevano intenzione di perdere tempo lasciando la rete per andare a guardare.

Alla fine, quando ormai il manico delle forbici aveva lasciato un solco profondo e doloroso sulle dita di Kiki, il nodo si aprì. Ruben chiuse il pugno sott'acqua e lo agitò in segno di vittoria, poi fece cenno a Sandro che ce l'avevano fatta. Il veterinario sollevò il pollice indicando la superficie, e Ruben ripeté il gesto a Kiki, poi tagliò l'ultima maglia.

La ragazza si ritrovò a sorridere mentre Ruben e Sandro ruotavano delicatamente il delfino e lo portavano completamente in superficie sostenendolo sotto la pancia.

– Ben fatto, ragazzi! – si congratulò Sandro appena emersero. – La pinna dorsale è compromessa. Deve essersi ferito con l'elica di qualche barca… forse questo stesso peschereccio, anche se ipotizzerei un piccolo natante. Non so… sta di fatto che gli manca un lembo di pelle e che deve aver perso molto sangue.

Kiki ripeté la domanda che aveva fatto a Ruben con la stessa nota di apprensione nella voce. – Ce la farà, vero?

– La pinna dorsale non compromette la natazione, ma tutto dipende dalle condizioni generali… Perde sangue. Parecchio. Credo abbia una lesione a un'arteria ed è la prima cosa da sistemare. Poi bisogna capire se si è ferito perché era già malato e vedere cos'ha. Ora trasportiamolo alla barella. Gli ho messo un tampone, poi a bordo gli farò qualcosa di meglio per fermare l'emorragia.

Kiki si sorprese a sentir parlare di "barella". Si rese conto solo in quel momento che la terza imbarcazione si era avvicinata e li aspettava più o meno all'altezza del motoscafo di Gioele. Stava per chiedere delucidazioni, ma Sandro la precedette.

– Riesci a nuotare accanto a Ruben e a sostenerlo anche tu? – le chiese. – Almeno lo bilanciamo.

– Ehi, guarda che non sei tanto più grosso di me – obiettò il ragazzo ridendo.

– Parliamone – borbottò Sandro, mentre si infilava di nuovo il boccaglio. Poi guardò Kiki, che annuì, anche se non aveva idea di come agire.

Guardò il delfino e ora che era orizzontale, con la schiena in bella vista, i suoi occhi volarono alla ferita e al sangue. Sussultò vedendo la carne completamente lacerata, come se parte della pinna fosse stata amputata.

La voce di Sandro la scosse. – Sbrighiamoci.

Un attimo dopo si ritrovò a fianco di Ruben, a sinistra

dell'animale. – Tienilo da sotto la pancia con una mano, così... guarda – fece lui, mostrandole la presa.

Kiki si sforzò di concentrarsi sulle istruzioni per non farsi impressionare dalla ferita.

– Lasciagli la pinna pettorale libera – le raccomandò Ruben. – Pronta?

Lei annuì e si ritrovò a nuotare a pelo d'acqua con un delfino sulla mano. Letteralmente.

Quando raggiunsero l'imbarcazione, la barella era già calata, attaccata a robusti cavi che la assicuravano alla gru a poppa. Kiki si stupì del fatto che fosse proprio una barella. Si era aspettata qualcosa a misura di delfino, invece si trattava esattamente di una barella comune, forse più stretta.

Mentre Ruben e Sandro la facevano scivolare sotto l'animale, lei ebbe l'opportunità di osservarlo. Sembrava così triste e abbandonato, con gli occhi semichiusi e velati, come se non vedesse. Aveva un'espressione affranta e Kiki si ritrovò a corrugare la fronte impietosita, mentre un senso di compassione le stringeva il petto. Immaginò che dovesse essere davvero molto debole per farsi manipolare così, senza alcuna reazione.

Allungò una mano, esitante, e gli sfiorò la guancia.

Per un attimo ebbe l'impressione di vedere un guizzo nei suoi occhi, ma poi Sandro fece un cenno e la barella venne issata a bordo.

Kiki era seduta su una poltroncina sgangherata della clinica veterinaria del centro, in una specie di capannone accanto al molo, dove avevano attraccato almeno un'ora e mezza prima.

Indossava ancora la muta, che ormai era diventata un tutt'uno con la sua pelle; si sentiva i capelli aggrovigliati dalla salsedine e dall'elastico della maschera. Riusciva quasi a visualizzare la massa informe che dovevano aver assunto, le sembrava addirittura di avere i dread lock. Si passò diverse volte le dita sotto gli occhi, sperando di eliminare il mascara che doveva essere colato, ma senza uno specchio aveva davvero poche speranze di migliorare la situazione. Aveva pensato di usare la fotocamera del suo smartphone per guardarsi, ma lo aveva dimenticato negli uffici quando Ruben era arrivato a prenderla per l'intervento di emergenza. E ora non voleva muoversi da lì, perché Sandro poteva uscire da un momento all'altro... L'unica nota positiva era che aveva rimesso i suoi sandali di perline *LilianBell junior*, che però facevano davvero a pugni con la muta da sub!

Meno male che Ruben non era nei paraggi. Non le andava proprio di farsi vedere conciata così. Non che le importasse di lui, ovvio.

La ciliegina sulla torta era l'odore di pesce che sentiva dappertutto, come se le si fosse appiccicato alle narici. Però non capiva se era solo suggestione, se era la clinica veterinaria o se era lei a puzzare in quel modo. Meglio non indagare.

Per l'ennesima volta in pochi minuti, sollevò lo sguardo sull'orologio sopra la porta.

Perché ci stava mettendo tanto?

Kiki non aveva più visto il delfino da quando lo avevano imbarcato, perché era tornata a bordo del motoscafo, mentre Ruben era andato con Sandro e Lia. Però, prima di rientrare, Gioele aveva voluto parlare con il pescatore per farsi dare tutte le informazioni del caso, così loro erano arrivati al centro più tardi, quando il delfino era già stato scaricato e portato alla clinica veterinaria.

Appena aveva messo piede a terra, aveva trovato Lia al molo.

«Come sta?» aveva chiesto subito.

«Sandro lo sta visitando. Vieni.»

E così eccola lì, in attesa di notizie. Si sentiva come se in quella sala operatoria ci fosse qualcuno a cui teneva moltissimo.

Lia era dovuta rientrare in ufficio, ma le aveva detto che sarebbe tornata a breve.

La cosa inaspettata fu vederla arrivare con…

– Papà! – esclamò Kiki, alzandosi in piedi. – Che cosa ci fai qui?

L'uomo sgranò leggermente gli occhi, ma si scosse subito dopo e Kiki pensò che quella reazione corrispondeva di sicuro al suo stato, cioè pietoso.

– Sono le sei e mezza – rispose come se questo giustificasse la sua presenza lì.

Ora fu Kiki a guardarlo stranita.

– Sono venuto a prenderti – chiarì lui.

La ragazza sospirò. – Oh, papà… abbiamo recuperato un delfino e…

– So già tutto, Lia mi ha raccontato.

– Possiamo aspettare di sapere come sta? – incalzò lei con una punta di apprensione nella voce. Non se ne parlava di andare via proprio in quel momento.
– Lo stanno medicando.

Giovanni Borghese rimase a guardarla per un attimo,

e di nuovo un guizzo sorpreso gli attraversò lo sguardo.

Fino a quella mattina Kiki non sembrava volerne sapere del centro oceanografico…

Non fece a tempo a risponderle però, perché in quel preciso istante, la porta si aprì e Sandro fece capolino dalla sala con un camice verde chiazzato di rosso sopra il quale aveva messo un grembiule di lattice che, evidentemente, non era servito a molto.

Kiki spalancò gli occhi vedendo Ruben alle sue spalle, anche lui indossava quel buffo grembiule.

Si portò una mano al petto trattenendo l'aria nei polmoni in attesa del verdetto, poi Ruben le sorrise sollevando un pollice.

Quindi era vivo!

– La ferita alla pinna dorsale, come avevo ipotizzato, è di sicuro opera di un'elica, che si è portata via un lembo di tessuto. Ho sistemato la lesione all'arteria e l'emorragia ora è risolta. Ovviamente abbiamo fatto la copertura antibiotica del caso. È debole perché ha comunque perso molto sangue, a peggiorare il tutto hanno contribuito la mancanza di cibo e l'essere rimasta imprigionata.

Parlava al femminile… era una femmina?

– Ah, è una femmina – aggiunse qualche secondo dopo. – Quindi sbizzarritevi con i nomi.

– È tradizione del centro dare un nome a tutti gli animali che salviamo – le spiegò Lia in un sussurro.

– Il *morbilivirus* dei cetacei, che sarebbe gravissimo, per fortuna è escluso, ma domani voglio farle un esame più approfondito perché sembra gonfia. Voglio escludere il rischio di occlusioni.

– Non… riesci a capirlo adesso? – volle sapere Kiki.

– Purtroppo ieri abbiamo prestato l'ecografo a un ambulatorio veterinario che aveva un'urgenza. Vista l'ora, dobbiamo aspettare domani per riprendercelo.

– E si può vederla? – domandò di nuovo la ragazza.

Sandro colse la palla al balzo. – Se ti va puoi anche unirti alla squadra di assistenza. Una persona in più non guasterebbe per il turno di notte.

– Oh, papà, posso rimanere? – domandò subito lei, voltandosi verso Giovanni Borghese. – Lo so che è la mia punizione essere qui, ma…

Solo allora si rese conto che Ruben la stava guardando. E anche Lia e Sandro. Aveva parlato troppo…

Suo padre invece stava annuendo. – Certo che puoi restare.

Sandro sorrise. – Bene. Dobbiamo cercare di alimentarla manualmente.

– Nel senso che non mangia da sola? – volle sapere Kiki. – Va imboccata?

– Sì. Prima si rimette in forze e meglio è. E se gradisce il cibo è un buon segno, anche se dubito che mangerà dopo la sedazione e lo spavento. Sarà una lunga notte. Venite – concluse, mettendosi da parte per farli entrare in sala. – Parlate a bassa voce: i delfini sono molto sensibili ai rumori.

Un attimo dopo, erano tutti nell'ampio spazio del capannone che avevano adibito a clinica veterinaria. In un angolo c'erano degli armadietti contenenti medicinali e una scrivania con sopra due computer, mentre al centro campeggiava un tavolo di acciaio, sotto una lampada simile a quelle dei dentisti. La barella su cui avevano trasportato il delfino era contro una parete accanto a un lavabo, ma dell'animale non c'era traccia.

Kiki incrociò lo sguardo di Ruben, che evidentemente capì la sua incertezza e le fece un cenno con la testa verso una vasca in muratura che la ragazza non aveva ancora notato.

– Questa è una delle nostre vasche di quarantena –

bisbigliò Sandro, mentre tutti si avvicinavano alla vasca. – Gli animali che vengono portati qui dal mare, non possono essere messi nei bacini controllati insieme agli altri finché non siamo sicuri che siano perfettamente sani.

La delfina era adagiata su un materassino di gomma galleggiante. Era completamente priva di sensi e se Kiki non avesse saputo che era stata sedata, avrebbe pensato che fosse morta. Almeno la ferita alla pinna dorsale era medicata e non aveva più quell'aspetto terribile. Sembrava ci fossero dei punti di sutura. La coda invece era immersa nel metro e mezzo d'acqua sottostante.

– Oh, santo cielo! – esclamò suo padre mentre Kiki si portava un indice alle labbra. Non aveva sentito che doveva parlare a bassa voce?

– Voglio fare in modo che non resti sola – continuò Sandro. – Quando passa l'effetto della sedazione non sarà felice di essere qui. Potrebbe agitarsi, quindi è indispensabile che qualcuno la controlli. Io resterò il più possibile, ma a una certa ora devo andare a casa da mia moglie e da Daniele.

– È appena diventato papà di un bellissimo bimbo! – spiegò Lia, sorridendo.

– Proveremo ad alimentarla e vedremo come reagisce – continuò Sandro. – Ruben ha già preparato tutto – e indicò una grossa tasca da pasticcere adagiata sul piano del lavabo.

Kiki strabuzzò gli occhi.

– Per imboccarli si usa quella – sussurrò il ragazzo. – È la cosa più comoda. Gliela infili in bocca e premi.

– Cosa c'è dentro? – volle sapere lei con aria preoccupata, mentre un timore per nulla infondato cominciava a farsi strada nella sua mente.

– Una pappa di pesce frullato e vitamine.

«Aiuto!» pensò Kiki fra sé.

– Quindi sei qui in punizione, vero? – domandò Ruben a bassa voce circa un'ora dopo, appena furono soli.

Erano nella clinica, dalla quale non si erano mai allontanati. Lia era andata a prendere delle pizze da asporto, mentre Sandro e Gioele erano rientrati a casa, ma sarebbero tornati per il turno da mezzanotte all'alba.

La delfina era ancora sul materassino, anche se ora aveva gli occhi più aperti e lo sguardo meno velato. Per non disturbarla e rispettare il normale ciclo notte-giorno, Sandro aveva spento tutte le luci principali, lasciando acceso solo il faretto sulla scrivania, che però aveva orientato verso la parete opposta: la sala quindi era immersa nella penombra e dalla finestra entrava il baluginio argenteo di una notte di luna.

Loro erano seduti sul bordo della vasca. Kiki non riusciva a staccare gli occhi dall'animale, e in quel momento guardarlo era anche un modo per evitare di guardare Ruben... Sapeva che quella domanda sarebbe arrivata. Lo sapeva fin da quando aveva avuto la pessima idea di parlare apertamente con suo padre davanti a tutti.

– Non è esattamente una punizione – rispose.

– Dunque, fammi capire, una ragazza modaiola, che ha l'aria di frequentare una scuola esclusiva e amici esclusivi, una che passa le sue giornate a fare shopping nei centri commerciali si ritrova da un giorno all'altro a Punta del Diavolo, a fare la volontaria per il centro oceanografico. E vuoi farmi credere che non è una punizione? Cosa mai avrai combinato?

Ruben non era come i suoi "amici esclusivi", in effetti, né come i ragazzi che frequentava a scuola. Non passava il tempo alla playstation o nei circoli sportivi, ma in spiaggia a censire le tartarughe, o in mare a salvare qualsiasi creatura ne avesse bisogno. Non faceva giochi di parole, né sembrava importargli di come era vestita. Anzi, a dire il vero, l'aveva guardata sempre allo stesso modo, sia quando l'aveva incontrata la prima volta al centro commerciale sia ora che era un disastro.

Fra l'altro la guardava come se volesse conoscerla davvero, come se lei gli interessasse...

No, non era possibile. Erano troppo diversi.

Stranamente, però, l'idea non le dispiaceva.

– Allora, non me lo vuoi dire cosa hai combinato di tanto grave?

– Non ti hanno insegnato a farti gli affari tuoi? –. Kiki però non riuscì a restare seria.

Parlavano bisbigliando, sempre per non disturbare l'udito sensibile dell'animale, e la loro conversazione sembrava stranamente intima.

– No.

– Be', avrebbero dovuto, perché non ho alcuna intenzione di dirtelo.

Lui ridacchiò. – Peccato sprecare così l'opportunità di confidarti con me... – scherzò, accarezzando l'acqua della vasca con una mano. Aveva le dita lunghe e abbronzate.

A Kiki venne voglia di toccargliele. Allungò la mano, per giocherellare con l'acqua anche lei. Alla fine, invece, sfiorò la delfina.

Un tocco lieve, con la punta dei polpastrelli.

E lei mosse una palpebra.

– Si sta svegliando – sorrise Ruben.

Anche Kiki sorrise. – Parlami dei delfini.

– Cosa vuoi sapere?

Kiki alzò le spalle. – Non lo so, quello che ti viene in mente.

– Be', che non sono pesci lo saprai. Sono mammiferi marini, quindi allattano come noi.

– Sì, in effetti, questo lo so.

– Vediamo – fece lui pensoso. – Dunque, ci sono tantissime specie e anche le orche sono delfinidi, ma il delfino nell'immaginario collettivo è Flipper, quello della serie Tv anni '50, cioè il tursiope.

Kiki sorrise. «Immaginario collettivo.» Nessuno dei suoi amici parlava così.

– Hanno la bocca all'insù – continuò Ruben – così sembra che sorridano sempre. Ho letto che secondo alcuni è per questo che mettono di buon umore chi li guarda.

– È vero – convenne lei. – Mettono di buon umore.

– Cos'altro? Be', discendono dai ruminanti.

– Dai ruminanti cioè tipo le mucche?

– Sì, infatti hanno due stomaci come i bovini, cosa permette loro di digerire senza difficoltà il carapace dei crostacei e le parti cornee di altre prede grazie a batteri simbionti simili a quelli dei ruminanti.

– Sembri un'enciclopedia vivente – mormorò lei.

Ruben si strinse nelle spalle. – Mi appassionano un sacco e quello che leggo su di loro mi resta in mente –. Una pausa. – Ah, e poi sono romantici.

– Sono romantici?

– Hanno la pupilla a forma di cuore.

Lei non poté fare a meno di sorridere. – Non è una cosa che dici per far colpo sulle ragazze?

Ruben la guardò, sollevando un sopracciglio. – Scherzi? È la verità! Quando si sveglierà del tutto lo vedrai tu stessa – concluse, indicando il delfino. – Mi viene in mente anche un'altra curiosità che ho letto…

– Sono tutta orecchi.

– Secondo uno studio di non so quale università, sentono se una donna è incinta. Grazie all'ecolocalizzazione rilevano il bambino nella pancia.

– È assurdo – mormorò Kiki, con un sorriso intenerito. – E ora ti dico una cosa ancora più assurda. Quando Sandro ha detto che era femmina e che la vedeva un po' gonfia, ho pensato che magari è incinta, che magari è per questo che è debole e si è ferita con l'elica.

Ruben osservò il delfino, ma non disse niente.

– Come la chiamerete? – continuò Kiki.

– È aperto il totonome. Qualche idea?

– Arabella.

Lui sorrise sollevando le sopracciglia. – Arabella?

– Non ti piace –. Era un'affermazione, non una domanda.

– Mi piace invece. Ma perché proprio Arabella?

– È una sirena di una favola che mi leggevano da piccola.

– Ma certo! È perfetto.

Ora fu Kiki a sollevare le sopracciglia sorpresa.

– I delfini hanno un potere inaspettato sugli uomini, tipo un incantesimo – spiegò lui. – Ecco, sì, incantano. Come le sirene.

«Già, e stanno incantando anche me» pensò Kiki.

Un delfino a sorpresa

– KIKI, sono appena le sei del mattino. Non hai praticamente dormito… – Giovanni Borghese si spinse su gli occhiali lungo il ponte del naso. – La signora Fucoli ha detto che oggi ti aspettava per le due del pomeriggio. Posso rientrare a pranzo e portarti dopo…

– Non sono stanca – disse lei, alzando le spalle. – E comunque non riesco a dormire, quindi tanto vale, almeno non muoio di noia qui a casa. Non sono abituata al letto singolo.

In realtà non aveva chiuso occhio perché non aveva smesso di pensare al "suo" delfino nemmeno per un attimo. Quando suo padre era andato a riprenderla al centro, il giorno prima, era venuta via controvoglia nonostante fosse mezzanotte passata. Una volta a casa, quando si era infilata a letto, aveva passato il tempo a rigirarsi fra le lenzuola, mentre l'immagine di Arabella e di molti momenti di quel pomeriggio continuavano a riempirle la mente come ondate liquide. Aveva pensato anche a Ruben, ma era normale pensare a lui quando pensava al delfino.

A Lia era piaciuto molto il nome Arabella e quando era arrivata con le pizze, l'aveva accolto con entusiasmo e l'aveva ufficializzato. Si era addirittura complimentata con lei per la scelta.

Purtroppo, però, durante il loro turno non era cambiato granché e quando Kiki se n'era andata, Arabella era ancora in uno stato semi incosciente e sembrava molto spossata. Sempre che non avesse davvero nulla di grave…

Alla fine era stato questo il pensiero che l'aveva tenuta sveglia. Persino Sandro, quando era arrivato per dare loro il cambio, si era mostrato sorpreso che Arabella non si fosse ancora risvegliata.

«Speriamo non ci siano complicazioni» si era lasciato sfuggire con un'ombra dubbiosa negli occhi. «Non è normale che sia ancora così spossata…»

E quella mattina Kiki voleva essere al centro presto, perché sapeva che Sandro avrebbe recuperato l'ecografo.

– Oggi è una giornata anomala – fece suo padre. – Domattina devo essere a un convegno a Madrid e sto pensando di prendere un aereo stasera...

– Cosa c'entra con il fatto di portarmi lì adesso?

– Se parto stasera posso fidarmi a lasciarti da sola una notte?

Lei alzò le spalle. – Non sarebbe la prima volta che dormo da sola, no? E poi cosa pensi che possa combinare? Al massimo posso organizzare una festa con le tartarughe della spiaggia. Ah, forse viene una volpe, quella che ha gradito i tuoi avanzi.

L'uomo sospirò. – D'accordo – disse poi inaspettatamente. – Ti porto al centro adesso, prima di andare in ospedale, e ti vengo a riprendere verso le cinque, così riesco a partire stasera, evitandomi una levataccia domani. Però dobbiamo uscire tra un quarto d'ora massimo, quindi vedi di sbrigarti a vestirti.

Lei saltellò felice e corse in bagno. Nonostante la notte insonne, aveva una faccia passabile, valutò avvicinando il viso allo specchio sopra il lavandino. Fece una doccia veloce e tornò a guardarsi. Era troppo presto per truccarsi e poi, considerati gli "imprevisti" del centro, forse era meglio soprassedere... Alla fine le sue ciglia erano talmente lunghe che poteva fare a meno del mascara. Afferrò la spazzola e si pettinò i capelli ancora bagnati in una lunga coda alta, in modo che non le dessero noia intorno al viso. L'unico vezzo che si concesse fu il gloss rosa. Era certa che Ruben avesse lanciato un paio di occhiate alla sua bocca, la notte prima, mentre vegliavano Arabella...

Cercò di fare veloce anche con la scelta dei vestiti. Un paio di shorts di jeans, una canottiera azzurra a pois con le spalline incrociate dietro la schiena e... no, niente sandali, meglio le sneaker di tela azzurra.

– Meno male che sei arrivata tu! – esclamò Lia appena Kiki mise piede nell'ufficio. Suo padre non si era nemmeno fermato, tanto era di fretta: l'aveva lasciata sullo spiazzo, aveva aspettato che si affacciasse negli uffici ed era ripartito.

– Ruben è in ritardo e Sandro ha bisogno di assistenza, ma qui sta per arrivare il nostro finanziatore principale, e io non posso assentarmi. Puoi pensarci tu?

Kiki annuì. – Cosa devo fare?

– Te lo dirà lui. È per l'ecografia.

Kiki volò al molo facendo la strada talmente di corsa che impiegò al massimo trenta secondi per raggiungere la clinica. Si sentiva le ali ai piedi e non sapeva se era la scelta delle scarpe o l'adrenalina che aveva in corpo.

Solo sulla porta del reparto si fermò evitando l'irruzione. Fece un respiro e bussò.

– Avanti, avanti –. La voce di Sandro era attutita e Kiki si ricordò che, una volta entrata, avrebbe dovuto parlare a bassa voce.

Spinse la porta e si affacciò all'interno.

Sandro era accanto alla piscina con una specie di monitor su rotelle da cui partiva un tubo di gomma che terminava con un manipolo. Assomigliava vagamente a una di quelle macchine "di bellezza" che aveva visto nel centro estetico dove andava sua madre ogni tanto.

– Ciao – sussurrò lui, facendole cenno di entrare.

Kiki lo salutò con la mano e lo raggiunse allungando il collo verso l'interno della vasca.

Solo allora si illuminò, mentre la sensazione fisica che le togliessero un peso dal petto si faceva tangibile.

Arabella era in acqua, ma non sul materassino: si

muoveva nello spazio a sua disposizione come un siluro.

– Si è ripresa! – esclamò, rendendosi conto solo dopo di aver parlato a voce troppo alta.

– Sembra stia meglio – sorrise Sandro. – Non ha ancora voluto mangiare, ma non mi aspettavo che lo facesse, in effetti. Troppo stress tutto in una volta.

Kiki si appoggiò al bordo della vasca e in un attimo Arabella le andò incontro quasi volando. Kiki rimase senza fiato quando il delfino emerse dall'acqua con il muso, protendendosi verso di lei.

Sandro ridacchiò. – Le piaci. Ti sta ringraziando per ieri.

Kiki richiuse la bocca. – Davvero? Ma... ma non dovrebbe essere un animale selvatico? Pensavo avessero paura dell'uomo...

– I delfini sono curiosi e giocosi. È la loro natura. Secondo me sono la massima evoluzione dello stato emotivo perché nessuno nel regno animale si comporta come loro. Sono beati e hanno il segreto della felicità. È un dono rarissimo.

Era davvero impossibile non restare incantati davanti a quel muso simpaticissimo, così Kiki allungò timidamente una mano e Arabella azzerò la distanza prendendosi la carezza, esattamente come aveva fatto Akira.

– Oh!

– Vedi che le piaci? Dovresti provare tu a darle da mangiare – e indicò la tasca di pesce su un carrellino accanto alla vasca. – Per ora cerca di distrarla, almeno riesco a passarle l'ecografo e capire se ha qualche problema.

Kiki aveva ancora il palmo della mano sul muso di Arabella, e in quel momento i loro occhi si incontrarono. La ragazza si ritrovò a fissare due pupille a forma di cuore mentre un'esplosione di emozioni le invadeva il petto. E allo stesso modo, si ritrovò a sorridere ripensando alle parole di Ruben, al suo racconto della sera prima.

– C-cosa devo fare? – chiese subito dopo, accantonando le emozioni.

– Va benissimo quello che stai facendo – rispose Sandro. – Coccolala, dille che sei sua amica, qualsiasi cosa, basta che resti qui accanto al bordo con noi così posso darle un'occhiata.

Kiki continuò ad accarezzare Arabella, stupendosi ancora una volta di quanto la sua pelle fosse liscia e dura. Aveva qualcosa di ultraterreno e affascinante. Ma ciò che la affascinava di più era la delicatezza con cui il delfino restava lì, a prendersi le sue coccole, come se gradisse il suo tocco.

Fece scivolare l'altra mano in acqua, sfiorando l'animale sotto il mento, mentre lei socchiudeva la bocca per emettere un gorgheggio.

– Questa, poi… – ridacchiò invece Sandro, allungando la sonda dell'ecografo verso il suo fianco grigiastro.

– Sei bellissima… – mormorò intanto Kiki. – Sono molto contenta che tu stia meglio. Però devi mangiare… – sbirciò Sandro che teneva gli occhi incollati al monitor mentre faceva scivolare il manipolo sulla pancia del delfino.

– Brava, continua così – mormorò lui.

– Sai che ti hanno preparato una pappa buonissima? – Kiki sorrise, ripensando a quando aveva saputo cosa c'era in quella tasca da pasticcere. – Pesce tritato e altre prelibatezze da delfino.

Arabella la guardò con occhi vividi e per un attimo Kiki ebbe l'impressione di vedere sé stessa in quello sguardo. Chissà se anche il delfino si specchiava nel suo? Era una cosa inspiegabile, irrazionale, ma era come se si fossero riconosciute, come se entrambe avessero bisogno di salvarsi a vicenda.

– Oh, santo cielo – si lasciò sfuggire Sandro, interrompendo il momento.

Kiki si voltò a guardarlo, poi osservò il monitor.

E impallidì.

Non era necessario essere un medico per identificare l'immagine in bianco e nero appena apparsa sullo schermo.

Arabella aspettava un cucciolo.

Un quarto d'ora dopo, Sandro si dedicò al suo consueto giro di controllo agli altri animali del centro e lasciò Arabella con Kiki e Ruben, che nel frattempo li aveva raggiunti.

– Tu lo sapevi! – esclamò lui, mentre finiva di sistemarsi la muta che aveva appena indossato. – L'avevi capito!

Anche Kiki aveva infilato la sua e si strinse nelle spalle. – È stato solo un pensiero, in realtà. Quando Sandro ha detto che era gonfia, mi è venuto in mente, tutto qui.

– Secondo me è perché avete fatto *click*.

– Fatto che?

– *Click* – insistette il giovane. – Tu e Arabella. Come

è successo a me con Codamozza. È una specie di intesa che in un certo senso cambia la vita a entrambi.

Kiki guardò la tursiope che si muoveva nel piccolo spazio della vasca e si chiese se per caso Ruben avesse ragione. In effetti la sua vita era cambiata radicalmente da quando aveva incontrato Arabella, ed era passato solo un giorno. In quelle ultime ore dentro di lei si era risvegliato qualcosa che nemmeno sapeva di avere: un interesse per la vita, una voglia inaspettata di prendersi cura di qualcuno per cui fare la differenza.

Ma sarebbe riuscita a fare la differenza?

Le incognite erano davvero tantissime, a cominciare dal fatto che Arabella ancora non mangiava.

«A giudicare dall'ecografia, è quasi al termine della gravidanza» aveva detto Sandro poco prima. «Quindi è fondamentale che si alimenti. E soprattutto che lo faccia da sola. Potremmo forzarla, ma costituirebbe solo un ulteriore stress che potrebbe compromettere il parto e anche la sua stessa ripresa...»

«Perché?» aveva voluto sapere Kiki.

«Perché non si sa mai come questi animali reagiscono allo stress. I tursiopi per fortuna sono i delfini più adattabili, ma Arabella sta per partorire, e questo per lei sarebbe già un momento delicato in condizioni normali, figuriamoci ora che è anche ferita e che da un giorno all'altro si è ritrovata dal mare in una piscina come questa, circondata da esseri di un'altra specie. Senza contare che i delfini sono respiratori volontari...»

«Cosa significa?»

«Che decidono loro se respirare o no» aveva detto Sandro. «Anche mentre dormono, una parte del loro cervello resta sveglia per controllare il respiro. È capitato di delfini che in condizioni di stress abbiano deciso di smettere di respirare.»

«E quindi di morire...» aveva concluso Ruben in un sussurro.

Kiki aveva sentito un brivido correrle lungo la schiena. La sola idea era inaccettabile.

Ruben la stava fissando in attesa di una risposta e lei si scosse da quei pensieri. – Non so se sia questa cosa del *click* che dici tu – mormorò. – Ma farò di tutto perché si salvi.

Il ragazzo sorrise. Era un sorriso ammirato e Kiki si compiacque che fosse per lei, per quello che aveva appena detto. – Anche io, ci puoi giurare – le rispose, afferrando la tasca con il cibo. – Vieni, mettiamoci al lavoro.

I ragazzi entrarono nella piscina e l'acqua li avvolse fino al petto.

Arabella si avvicinò ed emerse fra di loro emettendo lo schiocco secco con lo sfiatatoio.

– Quanto è carina – mormorò Kiki, accarezzandola dolcemente.

– Riesci a tenermela? – le domandò Ruben. – È facile: basta che la sostieni, ma senza costringerla.

Lei annuì e le fece scivolare le mani sotto il petto e la gola. La sentì fremere, ma fu solo un attimo. – Tranquilla – le sussurrò. – Va tutto bene.

Ruben le prese il muso con una mano, appena sotto il rostro, e avvicinò alla bocca il cono morbido della tasca da pasticcere. – È da leccarsi i baffi – le disse, facendole scorrere il pollice sulla pelle liscia.

Arabella lo guardò, con i suoi occhi vividi e intelligenti, e Kiki ebbe la certezza che capisse tutto. La vide socchiudere la bocca, scoprendo le lunghe file di dentini conici, ma appena Ruben fece per infilarle il beccuccio fra le fauci, lei divincolò il capo.

Kiki la sentì ondeggiare tra le sue braccia, ma non

la perse, perché aveva solo spostato la testa come un bambino che non vuole essere imboccato.

Il ragazzo non si arrese e provò di nuovo. Una volta. Due. Tre. Ma il risultato non cambiò.

– Fammi provare, posso? – disse lei a un tratto.

– Hai capito come si fa?

La ragazza annuì, poi si scambiarono di posto, muovendosi sempre lentamente per non agitare Arabella.

Kiki si ritrovò davanti a lei, con il suo mento sulla mano e gli occhi incollati nei suoi. – Mi sembra di essere in un sogno... – mormorò.

Ed era così. Se qualcuno glielo avesse raccontato solo qualche giorno prima, non ci avrebbe mai creduto.

Passò il pollice sulla pelle di Arabella come aveva fatto Ruben, in una specie di grattino, mentre scuoteva leggermente la testa. – Sto coccolando un pesce.

– Non è un pesce! – si indignò Ruben.

Lei ridacchiò. – Lo so che non è un pesce! Ma ha le pinne, e sta in acqua e... odora di pesce! Ehi, mangiamo qualcosa? – fece poi rivolgendosi alla delfina. – Sai quanto è buona questa roba? Guarda, è persino nella tasca da pasticcere, come la migliore delle creme...

Arabella la osservava attenta, quasi fosse interessata

a quello che diceva, e Kiki si interruppe per un attimo, stregata dall'intensità di quello sguardo.

– Ma secondo te mi capisce? – domandò a Ruben, sgranando gli occhi verdi.

– Certo che ti capisce.

A quel punto Kiki fece una cosa che non si sarebbe mai aspettata da se stessa. Sollevò la tasca da pasticcere verso le sue labbra per farsi vedere da Arabella. Avvertì l'odore pungente del pesce e di qualcosa di chimico quando si portò il beccuccio quasi alla bocca, ma continuò nella sua recita. – Gnam gnam – disse, fingendo di mangiare. – È squisito! – esclamò e sperò di essere stata convincente.

Arianna faceva così quando doveva imboccare la sua sorellina di appena un anno…

A quel punto avvicinò lo strumento al muso del delfino e pregò.

Vide la lingua rosea guizzare, ma poi l'animale allontanò la testa.

– Niente da fare… – mormorò Ruben.

– Perché non mangi? – si lasciò sfuggire Kiki con un sospiro che suonava preoccupato.

E Arabella fece un'altra di quelle cose uniche che

solo i delfini sanno fare. Le strusciò il muso contro il fianco, all'altezza dell'anca emettendo un gorgheggio delicato. Poi la guardò. E nei suoi occhi c'erano mille parole.

Kiki sentì l'emozione esploderle dentro e trasformarsi nell'ondata di brividi che le modificò la pelle.

– Oh cavolo, sta cercando di dirti qualcosa... – commentò Ruben.

Lei si chinò con il busto per abbracciarla. La strinse a sé, da sopra e pensò che mai, nemmeno nelle sue fantasie di bambina, aveva immaginato di abbracciare un delfino. E mai avrebbe immaginato che abbracciandolo si sarebbe sentita così, come se qualcuno che fino a ieri non esisteva nemmeno nella sua vita la conoscesse talmente bene da fidarsi di lei, da chiederle aiuto.

– Va tutto bene, piccolina – la rassicurò. – Va tutto bene.

Kiki aveva un peso al cuore mentre lo diceva perché una parte di lei non poteva fare a meno di chiedersi come mai, se davvero andava tutto bene, Arabella rifiutasse il cibo...

Il senso della vita

KIKI SI SVEGLIÒ di soprassalto per il beep beep del suo computer ultrapiatto accanto alla faccia.

Suo padre era partito verso le sette di sera per l'aeroporto e lei si era preparata dei noodle per poi buttarsi sul divano con il portatile e il cartone del cibo. Aveva cercato Arianna in chat, ma non l'aveva trovata e così doveva essersi addormentata.

Sollevò lo sguardo sulla Tv accesa: c'era il telegiornale e l'annunciatrice stava parlando di un black out di alcuni gestori telefonici.

Kiki abbassò ulteriormente il volume con il telecomando.

Che ore erano?

Toccò la tastiera attivando lo schermo.

Le 21:45.

E Arianna le aveva appena mandato un messaggio.

Ari2001: *donna di mare, come te la passi? Prima ero a cena…*

KK–Kiss: *Ari! Sono in pena x Arabella!*

Ari2001: *Ara, chi?*

KK–Kiss: *il delfino che abbiamo salvato. È una storia lunga. Comunque l'abbiamo portata al centro e liberarla dalla rete è stata un'esperienza incredibile.*

Ari2001: *cioè hai partecipato anche tu? Tipo che ti sei immersa e tutto quanto?*

KK–Kiss: *sì. Emozione indescrivibile. Ti senti importante quando salvi qualcuno.*

Ari2000: *mi sembra di capire che ormai è al sicuro. Qual è il problema?*

KK–Kiss: *non mangia. Abbiamo provato in tutti i modi, a più riprese da questa mattina, ma non c'è stato verso. E questa sera, quando è venuto papà a riprendermi, lei non mi voleva lasciare andare.*

Ari2001: *???*

KK–Kiss: *non è una cosa che si può spiegare... io mi sono allontanata dalla vasca e lei ha nuotato verso di me sollevandosi a guardarmi. Sono tornata ad accarezzarla e mi ha messo la testa sulla mano... cose così. Però non mangia.*

Ari2001: *è grave?*

KK–Kiss: *non te lo so dire, ma è incinta, quindi dovrebbe mangiare...*

Ari2000: *cioè incinta nel senso che aspetta un delfinino?*

KK–Kiss: *be', faccio fatica a pensare che aspetti un puledrino...*

Ari2000: *ah ah! Comunque se è incinta forse non mangia perché sta x partorire.*

Kiki rilesse la frase che era comparsa nella finestra della chat e aggrottò le sopracciglia.

KK–Kiss: *come fai a saperlo?*

Ari2000: *quando abbiamo fatto fare i cucciolini a Stella, il giorno prima del parto non ha più voluto mangiare.*

Stella era la cagnolina maltese di Arianna.

E a quel punto Kiki ebbe un'illuminazione. Ma certo!

Più volte aveva avuto la sensazione che Arabella tentasse di dirle qualcosa, a cominciare da quando aveva cercato la sua mano il giorno prima, e poi di nuovo quella mattina, quando aveva rifiutato il cibo ma era rimasta accanto a lei a strusciarsi e a guardarla con quegli occhi pieni di vita.

KK–Kiss: *Ari, sei un genio! Devo andare!*

E chiuse di botto lo schermo del portatile.

Ruben.

Doveva chiamare subito Ruben.

Sentì un vuoto fra il cuore e lo stomaco all'idea, ma preferì non interrogarsi sul motivo. Non c'era tempo, e anche se ci fosse stato non era sicura di volerlo scoprire.

Selezionò il contatto dalla rubrica del cellulare e chiamò. Uno squillo. Due. Forse era tardi. Tre squilli.

Forse era con la sua… ragazza? Aveva una ragazza? Era davvero carino, era quasi impossibile che non avesse una ragazza. Ma anche lei era carina e non aveva un ragazzo…

– Wow, è la seconda volta che mi chiami. Sto

cominciando a farmi illusioni. Posso chiederti di uscire con me quindi? –. Il tono era un po' divertito e un po' ironico e Kiki sentì di nuovo quella cosa fra il petto e lo stomaco, ma andò dritta al punto.

– Ruben, Arabella deve partorire! Per questo non mangia!

Un attimo di silenzio. – Come hai detto?

– Che non mangia perché deve partorire! Sai quando ha fatto quel verso oggi venendo a strusciarsi?

– Quando ti ha parlato?

– Sì. Io credevo volesse qualcosa da me, invece stava cercando di dirmi che è giunto il momento.

Silenzio. Kiki non capiva se Ruben aveva riattaccato per l'assurdità che aveva appena sentito o se stava ragionando sulle sue parole.

– Lo hai detto anche tu che stava cercando di dirmi qualcosa… – insistette.

– Continua –. Lui si era fatto serio.

– Be', ci stava dicendo che non le andava di mangiare perché è vicina al parto. La cagnolina di Ari ha partorito due volte e… insomma, quando mancava poco al momento, non aveva più fame.

– Quindi potrebbe essere tipo… anche adesso?

– Non lo so. Per questo ti ho chiamato. Voglio andare da lei!

– Chiamo Lia e Sandro e ti telefono, okay?

– Fa' presto.

Lui sorrise nel telefono prima di chiudere.

Kiki ebbe la sensazione che il tempo si dilatasse mentre aspettava con il cellulare in mano. Guardò più volte il display per vedere se si illuminava. Dopo trenta secondi, che a lei parvero dieci minuti, fu tentata di richiamare, ma si trattenne.

Risollevò lo schermo del portatile per ingannare il tempo e vide l'ultimo messaggio che Ari le aveva mandato di risposta, quando lei aveva chiuso.

Ari2000: *??? KK ma che ti succede??? Sono stupita che tu nn abbia parlato di shopping x tutta la conversazione…*

Già, era stupita anche lei. Non aveva pensato allo shopping da giorni e non ne sentiva nemmeno la mancanza.

Accidenti, perché Ruben non richiamava?

Oh, eccolo!

– Sì?

– Lia è irraggiungibile – fece Ruben. – Sai che c'è un black-out di certi gestori telefonici…

– Ho sentito qualcosa alla Tv. E… Sandro? – chiese lei.

Lui esitò. – Sandro dice che è impossibile. Al controllo ecografico risulta che manca ancora tempo, anche se è più o meno a termine.

Kiki sospirò. – Sono certa che è quello, Ruben. Ne sono certa! Dobbiamo andare lì. È lei che ce lo ha chiesto. Ti ricordi che quando è arrivato a prendermi papà sembrava le dispiacesse che me ne stessi andando?

Lui annuì con un *mmm*.

– Dobbiamo andare da lei – continuò Kiki.

– Lia e Sandro si arrabbieranno tantissimo.

– Anche mio padre quando lo scoprirà. È partito per un convegno e teoricamente non potrei uscire.

– Okay, passo a prenderti fra poco con il motorino.

Kiki si ritrovò a sorridere. Sarebbe andata da Arabella anche a costo di arrivare a piedi da sola, ma era bello andarci con Ruben.

– Ma questo non è un motorino! – protestò Kiki, sollevando le sopracciglia con un sorriso quando vide Ruben arrivare davanti a casa sua a bordo di una grossa bici.

– Come no? – fece lui divertito. – Non vedi che ha il motore? Va a batteria.

– Ah be', allora... – Kiki lasciò la frase in sospeso e Ruben ridacchiò.

– Parliamo di cose serie – cambiò argomento. – Hai avuto un momento di chiaroveggenza?

– Dai, non essere insensibile – protestò lei. – Proprio tu che parli di *click* con i delfini.

– Non sarei qui se non ti credessi.

– Quindi mi credi? Non pensi che mi sia inventata tutto?

– Penso che bisogna sempre seguire l'istinto e il cuore. Se hai avuto quest'illuminazione, se credi che Arabella debba partorire e possa farlo anche ora, be'... vale la pena di controllare, no? Dai, sali che ti faccio provare l'ebbrezza del motorino green.

Kiki rise. – Non c'è nemmeno il posto per il passeggero.

– Uff, come la fai lunga – ironizzò lui. – Hai anche la scelta, se è per questo.

– Quale scelta?

– Manubrio – spiegò il ragazzo sfiorando l'acciaio fra le sue mani – o canna – continuò, battendo qualche colpetto sulla porzione di telaio bianco che andava dalla sella alla forcella anteriore. – Se scegli il manubrio hai anche i pedalini per i piedi – concluse, indicando due minuscoli poggiapiedi fissati proprio alla forcella della ruota.

Lei rise. – Ma stai scherzando?

– Infatti ti consiglio la canna –. C'era lo stesso bagliore divertito di poco prima nei suoi occhi quando parlò, e a Kiki venne da ridere.

– Chissà perché ci avrei giurato – mormorò, avvicinandosi per salire. Sulla canna sarebbe stata praticamente fra le sue braccia. Ma l'idea non le dispiaceva affatto.

Come ipotizzato, si ritrovò nel suo abbraccio, con la schiena contro il suo petto e la testa appoggiata nell'incavo del collo. E quando partirono non poté fare altro che lasciarsi cullare mentre il buio della strada li inghiottiva. Sembrava irreale stargli così vicina nella notte scura e stellata. All'improvviso, nel momento più inaspettato, le sembrava di essere stata catapultata in uno dei film romantici su cui fantasticava quando era sola. Era un po' imbarazzante, a dire il vero, e lo era ancora di più perché la stava vivendo proprio con Ruben, quella scena. La prima volta in cui l'aveva visto in quel centro commerciale non l'avrebbe mai immaginato. E non l'avrebbe mai immaginato nemmeno qualche ora prima, quando lo aveva salutato ed era tornata a casa con suo padre. Del resto, negli ultimi giorni, stavano succedendo un sacco di cose che non avrebbe mai immaginato.

Kiki sentì il respiro di Ruben fra i capelli e si ritrovò ad avere i brividi.

– Hai freddo? – le domandò lui, accorgendosene.

La sua voce calda le sfiorò l'orecchio aumentando i brividi.

– Eh...? No, perché?

– Hai la pelle d'oca.

Kiki arrossì perché si sentì scoperta, come quando, da piccola, la nonna la trovava a rubare i biscotti appena sfornati dalla teglia. Meno male che era buio. – Sarà... sarà quest'aria – si giustificò.

– Peccato. Speravo...

Sperava cosa?

– Comunque ho portato un k-way. È in quell'astuccio attaccato al manubrio.

Lei lo aprì allungando la mano, prese l'indumento

e lo indossò al contrario per evitare troppi spostamenti. Ma i brividi non diminuirono.

Ed erano estremamente piacevoli.

Il centro era immerso nel silenzio quando arrivarono. L'immobilità della notte sembrava quasi avere spessore, come se tutto fosse avvolto in uno strato ovattato di quiete profonda. Non avevano parlato molto durante il tragitto, ma ora Kiki aveva mille domande.

– Hai le chiavi? – chiese appena scesero davanti a un cancello che non aveva mai visto chiuso.

– Certo che ho le chiavi.

– C'è un allarme?

– Solo alla clinica, sai per le apparecchiature veterinarie. Ah sì, e anche al giardino delle tartarughe, ma tanto non ci andremo stasera.

Kiki aveva pronta un'altra domanda, ma lui la precedette.

– E sì, ovviamente ho il codice.

– Allora sbrighiamoci.

Ruben prese un mazzo dalla tasca, armeggiò con l'enorme lucchetto, aprì il cancello e la fece entrare con la bici, poi entrò a sua volta e richiuse il tutto.

Pochi minuti dopo erano nel capannone della clinica veterinaria.

Kiki sentiva le pulsazioni rimbombarle nella gola mentre Ruben staccava l'allarme sul tastierino numerico a parete. Il corridoio era immerso nel buio, ma Kiki non aveva bisogno della luce perché avrebbe trovato la porta anche a occhi chiusi.

Ruben attivò il display del cellulare per cercare la chiave giusta nel mazzo evitando di farlo tintinnare troppo.

– Non voglio disturbarla – le sussurrò. – Già ci avrà sentiti…

Lei annuì e attese che la porta si aprisse.

La sala veterinaria era illuminata dalla luce fioca del monitor di un computer che era stato lasciato acceso. I ragazzi entrarono lentamente, quasi in punta di piedi, mentre Ruben si rimetteva in tasca il mazzo di chiavi. Si avvicinarono alla vasca, e Kiki si ritrovò a stringergli la mano.

Si guardarono per un attimo, poi lei allungò il collo.

E in quel momento Arabella si avvicinò al bordo, emergendo con la testa e il rostro.

Kiki si portò le mani al cuore e la raggiunse.

Ma… non stava partorendo!

Sembrava tranquilla come quando l'avevano lasciata.

Kiki non sapeva se essere contenta o delusa.

– Ciao, piccolina – disse, allungando le dita verso di lei. – Ero in pena per te… Hai visto che sono venuta a trovarti? –. La accarezzò, facendo scivolare la mano sulla sua pelle bagnata. – Se non vuoi essere lasciata sola, io resto qui a dormire con te, sai?

Ruben le raggiunse e si affacciò alla piscina proprio mentre Arabella faceva un movimento con il rostro che sembrava un cenno di assenso.

– Sembra che vada tutto bene… – mormorò.

– Già – convenne Kiki. – Ero così sicura…

Lui le mise una mano sulla spalla. – Meglio, non sono preparato per un parto notturno, senza Sandro o Lia per di più.

– Hai mai visto un delfino partorire?

– Purtroppo no. Comunque, visto che siamo qui, tanto vale provare a darle di nuovo da magiare –. Ruben accarezzò Arabella, poi fece per dirigersi al frigo, ma si bloccò perché vide Kiki impallidire.

– Oh, no… – sussurrò lei, affacciandosi ancora di più sopra la vasca.

Il ragazzo la imitò. – Cosa succede?

E a quel punto, sbiancò anche lui.

Arabella aveva appena emesso un verso strano e si stava contraendo su se stessa come se volesse avvicinare la coda alla pancia.

La voce di Kiki uscì in un soffio. – Che cos'ha?

Ruben allargò le mani e scosse la testa.

Il movimento durò qualche secondo, poi Arabella emerse con il rostro dall'acqua per cercare le mani di Kiki.

Lei la accarezzò mentre il cuore le batteva in gola come un tamburo impazzito. Non aveva mai visto nessuno partorire, ma sapeva che si avevano delle contrazioni e quello che aveva appena fatto Arabella era proprio simile a una contrazione...

Mentre stava formulando quel pensiero, lo vide con la coda dell'occhio.

Qualcosa di scuro stava spuntando sotto la pinna caudale di Arabella.

Smise di accarezzarla, però senza allontanare le mani.

All'inizio pensò fosse solo l'ombra della sua stessa coda proiettata sul fondo azzurro della vasca, oppure uno scherzo ottico di qualche tipo nella penombra della stanza. Ma poi guardò meglio e sussultò così forte che rischiò di tossire.

– Oh-mio-dio!

Ruben allungò il collo mentre le pupille gli si dilatavano a tal punto che l'azzurro dei suoi occhi venne inghiottito dal nero. – C'è una coda che gli sta uscendo dalla pancia… – mormorò incredulo.

Kiki si sentì invadere da un'ondata di tenerezza infinita e un sorriso inarrestabile le addolcì il viso, dando corpo alla gioia che all'improvviso le era esplosa nel cuore, mentre la consapevolezza di ciò che stava accadendo si faceva strada dentro di lei.

– È il piccolo! – esclamò ricominciando ad accarezzare Arabella. – Sta uscendo!

Ruben sorrise a sua volta senza staccare gli occhi dal miracolo che si stava compiendo. – Oh – mormorò. – Avevi ragione, Kiki. Avevi ragione.

La delfina fece su e giù con il rostro e poi si staccò dalle mani della ragazza per nuotare in cerchio nella vasca. Era impressionante vederla muoversi con quell'appendice attaccata sotto la coda. E la cosa più impressionante era che si spostasse con tanta agilità, come se né la ferita, né lo shock subito, né lo sforzo del parto la turbassero minimamente.

A un tratto si fermò, quasi al centro della vasca, e si lasciò andare giù, verso il fondo.

Kiki aggrottò le sopracciglia con un'ombra sul viso. – Starà bene, vero? Perché ha smesso di muoversi?

Ruben scosse la testa e allargò le braccia. – Non... non lo so.

Ma la paura durò solo un istante perché, con la stessa velocità con cui si era arrestata lasciandosi cadere a fondo, Arabella si riattivò: si fletté su se stessa chiudendosi a mezza luna e poi diede un colpo di coda, in una spinta poderosa.

Il cucciolo uscì in buona parte, ma un attimo dopo tornò dentro esattamente al punto di prima.

Kiki non era mai stata una persona ansiosa, tuttavia in quel momento le emozioni erano talmente ingigantite che si sentì sopraffare da un'ondata di angoscia. Perché il cucciolo non nasceva? Ormai erano lì da... quanto? Dieci minuti? Un quarto d'ora? Insomma, quanto ci impiegava a nascere un delfino? Mamma si era sempre vantata di averla data alla luce in venti minuti. Di contro sapeva di alcune mamme che ci avevano messo quasi venti ore. Ma per un animale le cose dovevano essere molto più veloci... O no? E poi comunque non potevano sapere quando esattamente erano iniziate le contrazioni. Magari il parto era cominciato molto prima che loro arrivassero...

Stava ancora formulando quest'ultimo pensiero quando il corpo di Arabella fu squassato da un'altra contrazione, molto più forte e prolungata della precedente. Di nuovo il cucciolo fuoriuscì quasi del tutto. Kiki fu certa di vedergli le pinne pettorali. Ma poi, di nuovo, venne risucchiato dal corpo della mamma.

– Perché non esce? – mormorò, e la nota lamentosa sembrava quella di una bambina in pena.

Ruben le lanciò uno sguardo e le strinse una spalla in un gesto rassicurante. Aveva le mani calde, ma non sudate come le sue. – Ci vorrà il suo tempo – disse. – Lascia fare alla natura. Guardala: sembra perfettamente a suo agio.

Era vero. Arabella aveva ricominciato a nuotare in circolo come se nulla fosse successo, come se lo sforzo per le contrazioni che l'avevano attraversata fosse stato solo uno scherzo della loro immaginazione.

– Va tutto bene – fece Kiki, senza sapere con

certezza se lo diceva a se stessa, alla delfina o a entrambe.

Arabella sembrò sentirla perché smise di nuotare in circolo e la raggiunse a bordo vasca, dove emerse con il suo rostro simpatico per darle alcuni colpetti delicati contro le mani e gli avambracci, che la ragazza teneva a pelo d'acqua.

Ruben ridacchiò. – Visto? È anche venuta a rassicurarti.

– Possiamo fare qualcosa per lei, secondo te?

– In che senso?

– Non so, aiutarla in qualche modo…

– Intanto mando un sms a Sandro – fece lui, armeggiando sul touch screen.

E fu proprio mentre lo vedeva digitare il messaggio che Kiki ebbe l'illuminazione.

Ruben le aveva detto che i delfini erano molto sensibili ai rumori e qual era il più bel "rumore" che l'uomo fosse mai riuscito a creare? Se solo avesse avuto la sua viola con sé!

– Aspetta… mi è venuta un'idea! – fece lei senza staccare le mani dalle guance di Arabella.

Ruben sollevò lo sguardo e inarcò le sopracciglia con l'indice sospeso sul display.

– Hai della musica sul quel telefono? – gli domandò.

– Della musica? Certo... –. Chiunque fra i 9 e i 90 anni aveva della musica nel telefono.

– Qualcosa di rilassante? Di poco *bum bum*, intendo?

– Ti sembro uno che ascolta roba *bum bum*? – ironizzò lui, aprendo una playlist.

Pochi secondi dopo, le note lievi di una musica stile Fred Astaire e Ginger Rogers riempirono l'aria.

Kiki sorrise. Era perfetta, anche se per essere un ragazzo ascoltava musica un po' vecchiotta, pensò.

– Ma che razza di roba ascolti?

Il ragazzo si strinse nelle spalle. – È musica da ballo.

Arabella socchiuse gli occhi e Kiki la sentì rilassarsi fra le sue mani. – Le piace! – esclamo compiaciuta. – Funziona!

La musica era bellezza. Nessuno meglio di lei lo sapeva. E sapeva anche che agli animali piaceva perché quando lei e Arianna si trovavano a suonare, Stella sollevava le sue orecchie pendenti e le ascoltava per minuti e minuti.

Arabella socchiuse di nuovo gli occhi, restando lì immobile, fra le mani della sua amica umana, in un mutuo scambio di rassicurazioni e bellezza.

E poi con un colpo di coda, si allontanò per contrarsi un'altra volta.

Di nuovo il piccolo ondeggiò a cavallo fra il grembo materno e la vita autonoma, ma ancora una volta scelse la strada che già conosceva e tornò a rifugiarsi nel corpo della mamma.

Kiki sospirò.

La musica sembrava avere un ottimo effetto anche su di lei perché lenì l'ansia.

– Musica da ballo? – bisbigliò, ma senza staccare lo sguardo da Arabella. C'era una nota sorpresa e anche un po' canzonatoria nel suo tono.

– I miei ballano. Mi piace la loro musica.

– Io suono la viola. Sai qual è?

– Tu suoni la viola? – ribatté lui sorpreso. – Ti facevo una ragazza da centro commerciale.

Kiki ridacchiò. – Sono una ragazza da centro commerciale che suona la viola.

– E che salva le tartarughe. E... i delfini – aggiunse Ruben, indicando Arabella con un cenno della mano. – Sei molto più di quello che sembri.

– Mi stai facendo un complimento?

– Più o meno.

Kiki abbassò lo sguardo sorridendo, ma fu solo un attimo, perché Arabella catalizzò di nuovo l'attenzione su di sé tornando verso di loro in un giro largo, lungo tutto il perimetro della vasca, con il piccolo sempre appeso sotto di sé. Ancora una volta emerse fra le mani della ragazza e le cercò il palmo con il rostro.

Lei la sfiorò con la punta delle dita, in una carezza delicata mentre le note che riempivano l'aria sembravano fare da colonna sonora a quell'istante di magia. Kiki allungò una mano sott'acqua, verso il fianco dell'animale. Ebbe un attimo di esitazione, ma poi la accarezzò e Arabella ondeggiò la testa, quasi volesse annuire alla nuova vita che stava venendo al mondo. Aveva gli angoli della bocca all'insù, nella posa tipica che conferiva ai delfini un'espressione perennemente sorridente.

E continuò a "sorridere" anche quando arrivò l'ennesima contrazione, questa volta direttamente lì, sotto le mani della ragazza.

Kiki percepì tutto lo sforzo del delfino e sussultò, intimorita e affascinata al tempo stesso.

Ma questa volta l'acqua sembrò ribollire. La ragazza si irrigidì e ritrasse le mani, mentre un delfino minuscolo compariva in tutta la meraviglia del miracolo della vita.

Una “prima” volta di tutto

– KIKI, RESPIRA.

Lei spostò lo sguardo da Arabella al suo piccolo che nuotavano nella vasca e fissò Ruben.

– Stai diventando viola. Respira.

Solo allora si rese conto di essere in apnea e si sforzò di espirare.

Arabella e il cucciolo danzavano insieme sospesi nel loro mondo liquido. Lei lo stuzzicava con il rostro, dandogli dei colpetti delicati e fermi al tempo stesso, come per guidarlo. Il piccolo invece, che era al mondo solo da pochi secondi, già nuotava come se lo avesse sempre fatto, spavaldo e impavido.

La piscina non era molto profonda e Arabella impiegò davvero poco a spingerlo verso la superficie.

Kiki si portò le mani alla bocca quando lo vide emergere e lo sentì sbuffare dallo sfiatatoio minuscolo sopra la testa.

– Il suo primo respirò – mormorò Ruben.

E Kiki scoppiò a piangere, perché l'emozione era troppo intensa per trattenersi.

– Ehi... che c'è? – sussurrò il ragazzo, sbirciandola preoccupato.

– Tutto... tutto questo – balbettò lei. – È una cosa bellissima vedere una nuova vita...

– Lacrime di gioia?

Lei sorrise asciugandosi le guance con la punta delle dita. – Di pura gioia. Non posso credere che stia succedendo davvero.Brava Arabella – mormorò sorridendo e piangendo al tempo stesso. – Sei stata bravissima.

– Adesso... adesso devo davvero chiamare Sandro – fece Ruben, guardando il telefono. L'sms era rimasto in sospeso quando si era messo a cercare la musica.

Ruben e Kiki lasciarono il centro a notte fonda, dopo ore di emozioni che passarono come un lampo.

Sandro arrivò da loro in una quarantina di minuti, con indosso dei pantaloncini da basket scoloriti e una T-shirt bucata sulla manica, che con tutte le probabilità metteva solo per andare a dormire o per stare in casa. La chiamata di Ruben doveva averlo strappato letteralmente dal sonno.

Entrò in clinica trafelatissimo, con i capelli schiacciati dal casco della moto e la piega del cuscino che gli attraversava la guancia dalla bocca alla tempia.

– Ditemi che non è uno scherzo – mormorò mentre entrava in punta di piedi e allungava il collo verso la vasca.

Ruben sorrise e gli fece cenno di guardare lui stesso.

Rimasero tutti e tre impalati lì, con la stessa espressione commossa e incredula mentre il tempo scorreva senza che nemmeno se ne accorgessero.

– Avevi ragione, Kiki – le disse a un tratto Sandro, mettendole una mano sulla spalla – non mangiava perché doveva dare alla luce il suo cucciolo. Hai avuto un'ottima intuizione.

Lei sorrise e annuì. – È stato un flash. Avevo avuto più volte la sensazione che Arabella volesse dirmi qualcosa. Anche quando l'ho vista la prima volta in quella rete... ora che ci penso, aveva un modo di implorare aiuto... sai, come se non lo chiedesse solo per se stessa.

– È sicuramente così – convenne Sandro. – Gli animali sono genitori protettivi e consapevoli. Arabella sapeva benissimo che aveva un cucciolo in grembo e voleva vivere anche per lui. Guardate come lo guida – aggiunse, indicando la delfina che aveva appena ricominciato a stuzzicare il suo piccolo con il rostro.

– È da un po' che fa così – disse Ruben. – Appena nato lo ha portato in superficie a respirare, ma ora lo spinge giù...

Kiki ridacchiò. – Deve fargli capire dov'è il latte.

Il ragazzo sollevò le sopracciglia e lei ridacchiò di nuovo. – Visto che sono mammiferi dovrà allattarlo, no? Il grande esperto di delfini – lo prese in giro.

Arabella intanto spinse il piccolo con il proprio muso a cono verso la pinna caudale.

– Le mammelle sono proprio lì – spiegò Sandro, sorridendo. – Sono nascoste da due pieghe cutanee.

– Questa mi mancava – bofonchiò Ruben.

– Ma le ghiandole mammarie in questi animali hanno una particolarità – continuò Sandro. – Sono retrattili e, se stimolate dal rostro del cucciolo, emettono un fiotto di latte direttamente nella sua bocca. Sapete, i piccoli non hanno le labbra come noi e gli altri mammiferi, quindi non possono succhiare…

– Oh, guardate! – esclamò Kiki.

Sotto i delicati colpetti di muso di Arabella, il piccolo sembrava aver capito dove cercare il nutrimento. Avvicinò il rostro al basso ventre e con la punta cominciò a “becchettare” a sua volta, esitante all'inizio, ma poi sempre più sicuro. E alla fine lo videro tutti schiudere la bocca per assorbire il fiotto di latte.

– Sta mangiando – fece Kiki, a metà fra un'affermazione e una domanda. In effetti si chiedeva come riuscisse a bere un getto di liquido in acqua. Non si disperdeva?

Fu Sandro a risponderle quasi intuendo i suoi pensieri. – Il latte dei delfini è molto più denso di quello degli altri mammiferi. Il fiotto è potente e poi vedete come il piccolo è attaccato? Non ne va persa nemmeno una goccia.

Infatti la bocca del piccolo era contro la pancia della mamma in un'altra immagine di pura emozione.

Fu poco dopo il primo pasto che Ruben e Kiki ripresero la bici elettrica per tornare a casa. Ormai era quasi l'una di notte e Sandro li rassicurò dicendo loro che sarebbe rimasto a monitorare la situazione per tutto il tempo necessario.

–Vorrei che questa notte non finisse mai – disse Kiki quando arrivarono davanti alla porta della villa di suo padre.

– Anche io –. C'era un tono profondo nella voce di Ruben e Kiki non era sicura se stava parlando solo dei delfini o di altro.

Lei aveva parlato sicuramente di entrambe le cose.

– È stata un'esperienza memorabile – continuò il ragazzo.– Quando sono uscito dalla clinica volevo restare lì, perché temevo che non avrei provato mai più un'emozione simile.

Esitò sbirciandola.

Kiki stava pensando a come ribattere, ma lui non glielo permise e continuò.

– Poi però ho pensato che dovevo riaccompagnarti a casa e mi son detto: chissà cosa mi aspetta...

Lei rise.– Dai, non sono così terribile!

– No. Non lo sei. Infatti intendevo in senso buono.

La ragazza sollevò lo sguardo. Lo sbirciò per un attimo, poi osservò il cielo.

La notte sembrava stranamente animata. La volta

stellata sopra di loro pulsava di stelle e dalla spiaggia dietro la casa arrivava il canto del mare, accompagnato dal fruscio del vento fra i pini marittimi.

Kiki aveva il cuore in gola e sapeva che mai in vita sua si era sentita così accanto a un ragazzo. Non era sicura se dipendesse da quello che avevano condiviso negli ultimi giorni, soprattutto quella sera, o se Ruben le avrebbe fatto lo stesso effetto anche in altre circostanze, magari nel suo mondo, in città. Però era certa che da quando Ruben era apparso nella sua vita, era successo qualcosa. In lei, con lei, ancora non le era chiaro, ma in qualche modo si sentiva una persona migliore e questo la faceva stare bene, perché a ben guardare, non si piaceva fino in fondo da molto, molto tempo.

Non sapeva come continuare la conversazione, così disse la prima cosa che le venne in mente.

– Alla fine non mi hai mai risposto.

Lui ridacchiò. – Stai divagando, ma su cos'è che non avrei risposto esattamente?

– Sai cos'è una viola?

– Tipo un violino ma più grosso? – rispose Ruben, smontando dalla bicicletta che appoggiò al palo della cassetta delle lettere.

Kiki sorrise. Di solito chi non studiava musica non sapeva nemmeno la differenza fra violino e violoncello, figurarsi fra violino e viola che erano molto simili. Ma Ruben era sorprendente, bisognava proprio ammetterlo.

– Ci ho azzeccato?

– Sì.

– Bene, quindi possiamo tornare all'argomento principale?

– Ehm... che sarebbe?

– Che dovremmo festeggiare. Non capita tutti i giorni di veder nascere un delfino!

Lei sorrise. Per un attimo aveva pensato che volesse parlare di... loro due? Sì. E, infatti, era delusa. – Su questo hai ragione. Hai visto quanto era carino?

– Uno spettacolo.

Kiki adocchiò la casa. Le luci erano spente. Meno male che non c'erano stati imprevisti di viaggio e che papà non era rientrato. – Se mio padre sapesse che sono uscita potrebbe mettermi in punizione a vita. Non posso fare bisboccia.

– Oh, ma io non intendevo quel genere di festeggiamenti.

– Allora cosa? –. Lei sollevò lo sguardo e sussultò perché si accorse che Ruben si era avvicinato. Era in piedi davanti a lei a pochi centimetri.

– Dovremmo baciarci.

Kiki tossì. E arrossì. – C-cosa? Io... io non ho mai baciato nessuno –. Non aveva intenzione di dirlo. Anzi, era l'ultima cosa che avrebbe rivelato a un ragazzo come Ruben, ma ormai si era svelata.

Lui spalancò gli occhi stupito.

– Sì, lo so. È strano... Ma... Voglio che il mio primo bacio sia... – cercò il termine giusto. Non voleva dire "per amore", perché le sembrava troppo. – Significativo – concluse.

– Tipo che aspetti il ragazzo giusto? – domandò Ruben.

– Sì. Credo di sì. E tu... hai baciato tante ragazze?

Ruben si passò una mano fra i capelli. – Qualcuna. Per vedere com'era, più che altro.

– Io nemmeno quello.

– Mi piace. Fa di te una ragazza romantica. È proprio vero che sei molto più di quello che sembri.

Lei sorrise. Le mancava l'aria e il calore che sentiva nella pancia sembrò impossessarsi di tutto il suo corpo, ma si sforzò di rispondere. – Sì, forse è così. Forse porto una maschera per proteggermi.

– Con me non ne hai bisogno.

E adesso? Kiki si morse il labbro e frugò nel proprio cervello alla disperata ricerca di qualcosa da dire. Ma forse non servivano le parole. Erano così vicini che sentiva il profumo del suo bagnoschiuma. E sentiva anche il suo respiro sul viso mentre le guardava la bocca.

Allora chiuse gli occhi e attese il suo primo bacio.

C'è sempre un'alternativa

LA SETTIMANA SUCCESSIVA Kiki ebbe l'impressione di vivere in un sogno, come se fosse stata catapultata in una specie di realtà parallela così diversa dal suo mondo da lasciarla stordita.

Le sue giornate ruotavano tutte attorno al centro oceanografico e l'unico diversivo erano le passeggiate sulla spiaggia con Ruben, ufficialmente per monitorare il nido di tartarughe, ufficiosamente per stare insieme.

Kiki aveva finalmente conosciuto anche gli altri animali del centro: le tartarughe marine, che venivano allevate in enormi vasche e poi rilasciate per ripopolare il mare, e alcune foche monache, che dimoravano in una spiaggia isolata e che Gioele sperava di far riprodurre.

Le foche monache sono una specie in via di estinzione e Kiki aveva scoperto che ne esistono ormai solo poche centinaia di esemplari in libertà, quindi il progetto di Gioele le sembrava molto nobile.

Dopo il parto, Arabella aveva ricominciato a mangiare, e con grande appetito! Il cucciolo era in realtà una cucciola: una femminuccia che avevano deciso di chiamare Notturnia, visto che era nata di notte. Ora, lei e la sua mamma erano state trasferite in uno dei bacini controllati del centro, separati dagli altri delfini, ma comunque in mare, in modo che soggiornassero nel loro ambiente, perché l'idea era stata fin dall'inizio quella di restituirle all'oceano al quale appartenevano.

Per questo Kiki ebbe subito la netta sensazione che qualcosa stonasse quando sentì Lia al telefono quel giorno. Suo padre l'aveva appena accompagnata ed era dovuto scappare in ospedale.

Kiki era entrata nell'ufficio sorridendo, ma aveva smesso subito di farlo e si era fermata sulla soglia perché aveva visto Lia parlare al telefono con una mano sulla fronte e l'espressione contrariata.

– Contavamo di rilasciarli in una quindicina di giorni – stava dicendo. – Tutto questo è assurdo.

Kiki sentì un brivido scenderle lungo la schiena.

– Sandro si è già espresso – continuò Lia. – È molto positivo riguardo alla liberazione e non capisco come tu ti possa fidare del parere del veterinario di uno zoo marino.

La ragazza ora trattenne il respiro, mentre un terribile sospetto cominciava a prendere forma nella sua mente. Non sapeva chi fosse dall'altra parte, ma solo l'aver sentito nominare uno zoo marino l'aveva allarmata.

Ruben le aveva raccontato molte cose dei delfini da quando avevano cominciato a frequentarsi e lei aveva scoperto la vita triste alla quale erano destinati nei delfinari. Certo, c'erano zoo marini e zoo marini, e per fortuna in quelli di molti paesi compreso il loro, le norme erano severissime e gli animali erano trattati bene. A volte addirittura venivano salvati da un triste destino. Ma solo alcuni dei soggetti nei delfinari nascevano in cattività: molti altri venivano catturati, soprattutto quelli delle generazioni precedenti, e privati della loro libertà allo scopo di divertire la gente che, pagando, andava ad assistere agli spettacoli senza nemmeno troppo pensiero.

«C'è dietro un commercio, purtroppo» le aveva raccontato un giorno il ragazzo. «In molti posti i delfini vengono ancora cacciati senza pietà a scopi alimentari. Non hai mai sentito parlare di Taiji?»

Lei aveva scosso la testa.

«È una cittadina nel sud del Giappone. La chiamano anche la baia insanguinata perché ogni anno i pescatori attirano circa duemila delfini che vengono uccisi barbaramente. Il mare si tinge di rosso per il sangue. Uno spettacolo straziante. Già a vedere le foto mi stavo sentendo male. I soggetti che hanno la fortuna di essere più particolari, come i delfini rosa o magari quelli giovani, vengono risparmiati solo per essere venduti a caro prezzo ai delfinari che arrivano a pagare migliaia di dollari. Così, questi animali, abituati a vivere liberi, traumatizzati nel vedere cos'è successo ai loro simili, si ritrovano in un posto dove sono costretti a esibirsi come pagliacci da circo. Per me è inammissibile.»

«Anche io sono stata a uno show con le orche, da bambina» aveva mormorato lei, vergognandosene quasi, perché mai, nemmeno una volta, si era posta il problema di come potessero essere arrivati lì quei cetacei.

«L'importante è che adesso che sai queste cose, tu possa scegliere se tornare a vedere uno spettacolo acquatico o no.»

Lei aveva sorriso amaramente. «Non credo proprio che ci tornerò.»

«Fai bene» aveva convenuto lui. «Purtroppo dietro ai parchi acquatici, c'è un lato oscuro di cui la gente è ignara. E ricordati che, anche se un giorno si arrivasse ad avere nei delfinari solo soggetti nati in cattività, soggetti che non provengono dalla cattura e che non possono vivere autonomamente in natura, dovranno comunque imparare a esibirsi e a sopportare il rumore degli spettacoli, con gli applausi e tutto il resto... Sai quanto i delfini siano sensibili ai rumori... Insomma, posso capire certi acquari che si occupano di conservazione, ma i circhi acquatici no, mai.»

E ora, mentre era lì ad ascoltare Lia parlare di zoo marino, tutte le cose che Ruben le aveva raccontato sulla baia insanguinata esplosero nella sua testa come un fulmine.

– Ne parliamo stasera – sospirò Lia nel telefono,

lanciando un'occhiata a Kiki, ancora lì sulla soglia. – Ci sarà anche Sandro, sì. A dopo.

Lia chiuse la comunicazione e tornò a guardare Kiki.

– Problemi? – chiese la ragazza.

La donna sospirò infilandosi le dita fra i capelli bianchi all'altezza delle tempie.

– Mio marito ha avuto un'offerta per Arabella e il suo cucciolo da un parco acquatico molto famoso della capitale.

Kiki sapeva benissimo di quale parco acquatico parlava. Quello dove era stata da bimba a vedere le orche che facevano i salti a comando.

– Ma... ma voi siete un centro oceanografico – balbettò. – Voi... voi vi occupate di conservazione e di rimettere gli animali in libertà! Allevate tutte quelle tartarughine per liberarle nel mare... Non potete dare Arabella a un parco acquatico! Lei era libera fino all'altro giorno! E poi... e poi sarebbe contro la vostra politica. O no?

Lia scosse la testa. – Sì, è così. E riguardo a quello che hai appena detto, la penso come te su ogni singolo punto. Ma qui abbiamo due problemi. Il primo è che i nuovi finanziamenti non arriveranno prima dell'autunno e i nostri debiti sono imbarazzanti mentre l'offerta del parco acquatico è allettante; il secondo è che Arabella è ferita e il suo cucciolo è nato in una vasca artificiale. Non è detto che una volta libero sia in grado di sopravvivere.

Kiki sentì il proprio cuore precipitare verso il pavimento, mentre ogni singola parte del suo corpo gridava "no, no, no!".

– Non... non possiamo tradirla così – sussurrò atterrita.

– Lo so, tesoro. Lo so. Ma da come si stanno mettendo le cose, non credo avremo molta alternativa.

Kiki andò da Arabella con un peso nel cuore. Camminò trascinando i piedi lungo il molo di legno scolorito dal sole che delimitava il bacino dove avevano sistemato il delfino e la sua piccola. Aveva una ruga verticale fra le sopracciglia che quasi le doleva e sapeva che poteva mettersi a piangere da un momento all'altro.

Il mare era una tavola d'olio accesa di mille riflessi, in netto contrasto con i sentimenti che lei provava in quel momento. Le sembrava quasi ironico che il paesaggio fosse tanto inutilmente bello.

Arabella l'aveva sentita arrivare, perché le era andata incontro con un salto festoso sollevando spruzzi bianchi. Ogni volta che la vedeva faceva sempre così ed era un'emozione perché era come se volesse salutarla, e ringraziarla, e condividere la sua gioia per la vita. Sembrava orgogliosa quando si avvicinava al molo accompagnando Notturnia a colpetti di rostro, quasi volesse mostrarla come un tesoro prezioso.

Lo stava facendo anche ora, mentre Kiki la osservava sopraffatta dai sensi di colpa. Sapere quello che aveva appena saputo, senza poter far nulla per cambiare le cose, era difficile da sopportare.

La ragazza si sedette sul molo, si sfilò le scarpe e immerse i piedi in acqua. Sandro aveva raccomandato a tutti di mantenere al minimo l'interazione per evitare che mamma e cucciola diventassero troppo dipendenti dall'uomo. Anche la somministrazione del cibo era diversa rispetto agli altri delfini del centro: per non disabituare Arabella alla caccia le davano prede vive. Ma non interagire era impossibile perché per i delfini è naturale cercare il contatto con l'uomo. Kiki sapeva che si avvicinavano alle barche dei turisti e spesso giocavano con loro…

E poi comunque che senso aveva porsi il problema ora: Arabella sarebbe finita in un parco acquatico!

Kiki chiuse gli occhi e inspirò profondamente l'aria profumata di mare per cercare di calmarsi. Aveva voglia di gridare, di piangere, di prendere a pugni il legno del molo al quale si aggrappò con le mani finché le nocche diventarono bianche.

Aveva ancora gli occhi chiusi quando sentì qualcosa solleticarle i piedi. Aprì le palpebre e Arabella era lì, che le sfiorava i talloni con il rostro gommoso. E c'era anche Notturnia, baldanzosa e spavalda come solo i cuccioli sanno essere.

Lei si ritrovò a sorridere, suo malgrado, mentre le lacrime, inutilmente represse, le scivolavano lungo le guance.

– Oh, tesori miei – sussurrò, chinando il busto verso di loro. Allungò le mani, ormai contratte per aver stretto le assi di legno del molo con tanta forza, e il delfino cercò subito le sue carezze, alleviandole, come in una magia, l'indolenzimento alle dita.

Dopo qualche istante, Arabella si bloccò sotto il suo tocco e la guardò, quasi avesse registrato il suo stato d'animo. E poi, con un colpo di coda saltò fuori, sfiorandole le ginocchia con le pinne pettorali, per ripiombare in acqua fra gli spruzzi, gorgheggiando felice.

– Ti sta dicendo che va tutto bene.

Kiki sussultò. La voce maschile alle sue spalle arrivò inaspettata.

– Sandro… – si asciugò in fretta le lacrime con le dita. – Ciao.

– So che hai saputo le novità…

– Sì. Sono senza parole.

– Anche io. L'unica consolazione è che, se si concretizza la cosa, andranno comunque a stare bene. Conosco quel parco acquatico. Mi chiamano spesso per la consulenza veterinaria e i controlli. Trattano gli animali con amore, l'addestramento è rispettoso.

– Ma… ma loro non sono nate lì. Non appartengono a quel mondo! E non saranno… libere! –. L'ultima parola le uscì con rabbia.

– Lo so. Lo so.

Ora che aveva iniziato, Kiki non sembrò più capace di fermare il corso dei pensieri ai quali stava dando libertà. – Le abbiamo salvate, okay, ma è come se le avessimo salvate per portarle via al loro mondo! Ti sembra giusto? –. Guardò i due delfini sguazzare sotto di lei, ignari. E poi risollevò lo sguardo su Sandro. – Ti sembra giusto? – ripeté.

Nei giorni successivi purtroppo, l'ipotesi che Arabella e Notturnia finissero al parco acquatico si fece sempre più concreta. Il centro aveva così disperatamente bisogno di fondi che la vendita dei due esemplari restava l'unica soluzione. Kiki aveva scoperto che c'erano diversi arretrati per l'affitto della struttura e che i primi nuovi finanziamenti sarebbero arrivati troppo avanti nel corso dell'anno rispetto alle scadenze. In altre parole o cedevano i due delfini, oppure Lia doveva chiudere i battenti e rinunciare a tutti i progetti che avevano in corso, a cominciare dalla riproduzione delle foche monache. Il sogno idilliaco che Kiki stava vivendo fino a prima di quella fatidica telefonata si era trasformato in una specie di incubo.

Lo scrisse anche ad Arianna in chat.

KK–Kiss: *sono così giù…*

Ari2001: *lo so, cerca di nn stare troppo male…*

KK–Kiss: *è una parola. Ogni volta che vado da lei, sto malissimo perché viene da me con la sua piccolina, a mostrarla come se fosse il regalo più bello del mondo. E io lascerò che la rinchiudano in un posto da cui non vedrà più il mare…*

Ari2001: *tu nn c'entri, KK.*

KK–Kiss: *ma lei nn può capirlo questo. Quando sarà in quel parco acquatico sarà colpa di tutti.*

Ari2001: *sei proprio sicura che non si possa fare niente? Insomma, ci sono i mutui, i finanziamenti… Il centro oceanografico non riesce a trovare un'altra soluzione?*

KK–Kiss: *non credo, non c'è altra alternativa.*

Ari2001: *dai, KK, c'è sempre un'altra alternativa! Tua madre? Non puoi chiedere una mano a lei?*

La mamma è sempre la mamma

KIKI AVEVA RISPOSTO ad Arianna che sua madre non le avrebbe mai prestato dei soldi dopo quello che lei aveva combinato. Non si sentivano da… quanto? Due settimane? Più o meno. E probabilmente ora era a New York. Era assurdo pensare anche solo di chiederle aiuto.

Eppure la cosa più assurda era che, da quando Ari aveva nominato sua madre, Kiki si era resa conto che mai, come in quel momento sua madre le mancava. Aveva voglia di sentirla. Di scusarsi, forse. E sì, di essere consolata.

Kiki scosse la testa appoggiando il cellulare sul letto su cui era seduta. Sua madre non l'aveva mai consolata.

Non era il tipo. Troppo presa dalla sua vita e dalla sua galleria d'arte.

Però era anche vero che chi doveva chiederle scusa era lei, Kiki. Sì, certo, aveva usato il suo bancomat, ma l'aveva fatto perché era arrabbiata, perché si sentiva trascurata. Alla fine era questo il vero motivo. Lo stesso per cui spesso le rispondeva male, o perché era così insofferente nei suoi confronti.

E se sua mamma non avesse mai immaginato che lei si sentiva trascurata?

La ragazza riprese il telefono e schiacciò il tasto *M* per la composizione rapida.

Sì stupì che squillasse.

E si stupì ancora di più che sua madre le rispondesse.

– Ehi, ciao – le disse. – Sono contenta che tu mi abbia chiamato –. Nella sua voce c'era una nota seria, ma non risentita.

Kiki deglutì e si mise a sussurrare. Non voleva che papà dal salotto la sentisse. Strinse il telefono fra le dita. Doveva dirglielo? – Mamma... ciao.

– Come va? Tuo padre mi ha detto che te la stai cavando bene, che vai al centro oceanografico tutti i giorni. So che avete salvato un delfino...

– Sì. Arabella. C'ero anche io quando l'abbiamo liberata dalla rete... Ha anche partorito, sai?

– Sì, so anche questo. Tuo padre mi ha mandato una foto.

Una pausa.

Kiki si morse il labbro. – Sei... sei a New York?

– Sono tornata l'altro ieri.

– Com'è stato?

– Bellissimo. Ti sarebbe piaciuto.

Un'altra pausa. Kiki si morse di nuovo il labbro nello stesso punto e sentì un sapore dolciastro. – Mi... mi spiace, mamma. Mi dispiace per... tutto –. Sospirò. Era così difficile chiedere scusa. – Sai, quella cosa con il bancomat.

Questa volta la pausa fu da parte di sua madre.

– Immagino. Anche a me dispiace. Forse non ti sono stata abbastanza vicina.

A Kiki venne voglia di piangere. Maela aveva toccato un punto dolente. E lei non avrebbe saputo dire esattamente quando aveva cominciato a essere tanto arrabbiata con sua madre; non avrebbe saputo dire se era stato un episodio specifico o un insieme di cose. Sapeva solo che all'improvviso si era alzato un muro fra loro: da una parte c'era un'adulta tutta presa dal suo lavoro e dalla sua galleria che a malapena le chiedeva come stava, cosa faceva, come si sentiva; dall'altra c'era un'adolescente tutta presa dal suo mondo di sogni e desideri, che a malapena le chiedeva come stava, cosa faceva, come si sentiva.

– Avremo modo di parlare – disse di nuovo Maela.

Lei cercò di deglutire il groppo che le era salito in gola. – ...Già.

– Intanto come va?

Kiki alzò le spalle. – Bene. Ma anche un po' male.

Silenzio. Sua madre stava aspettando il resto o non le importava di sapere?

– Oh, mamma, sono così giù di morale! –. Non ce la faceva più a trattenersi.

– Che succede?

– Vogliono dare Arabella e Notturnia a un parco acquatico. All'inizio pensavano di liberarle, ma poi ci sono state delle complicazioni e sono costretti a venderle.

– In che senso delle complicazioni? – domandò sua madre. – Ero rimasta che il delfino era quasi guarito e che anche la piccola stava bene.

– Hanno bisogno di soldi. Tipo in pochi giorni. Altrimenti devono chiudere.

Maela sospirò.

– Avevo promesso a me stessa di salvarla, mamma – si affrettò a spiegare. – Ma così non mi sembra di salvarla. Anzi, mi sembra di tradirla.

– Ma il centro non può fare niente?

– Non so cosa potrebbe fare, in realtà. Si vede che non se la passano bene. Hanno poco personale e mandano avanti tutto da soli. Gli uffici sono delle baracche...

– Che brutta situazione. Ma tu non devi sentirti in colpa, Kiki. So che stai facendo tanto per quelle creature. Quasi non ci credo quando tuo padre mi racconta quello che fai. Devo dire che sono sorpresa. Positivamente.

Lei annuì nel telefono. – Non... non sei più arrabbiata con me?

– Non come prima. Soprattutto ora che mi hai chiamato. Sono contenta davvero che tu lo abbia fatto.

– Anche io sono contenta – ripose Kiki, sforzandosi di non piangere. – Ciao, mamma.

– Ciao. E... non ti abbattere.

Lei mormorò un "okay". Poi sentì il *click* della comunicazione che veniva interrotta.

Rimase lì qualche istante a fissare il cellulare. Era stata una telefonata stranamente positiva considerando come si erano lasciate l'ultima volta. E di questo Kiki era contenta. Erano anni che non parlava con sua madre come aveva parlato in quei brevi istanti. Ed erano anche anni che sua madre non le diceva le cose che le aveva detto in quella conversazione.

Allora perché si sentiva così delusa?

La ragazza scosse la testa. Cosa si aspettava? Che le dicesse "non preoccuparti, cara, domani vengo al centro e me ne occupo io?". Come faceva a essere così egoista anche solo da pensarlo?, si rimproverò. Ma in realtà non l'aveva pensato. L'aveva pensato Arianna, forse. Lei no, nemmeno per un attimo.

Però non era sicura che sua madre avesse capito quanto si sentiva inutile e quanto era importante per lei fare qualcosa per "quelle creature". Perché sapeva che quello che stava facendo non bastava.

Kiki era ancora lì, seduta sul letto con il cellulare in mano a ripensare alla conversazione con sua madre, mentre aspettava che Ruben le mandasse il solito sms in cui le diceva di essere arrivato alla spiaggia.

Quando sentì la vibrazione, sorrise. Ruben era rimasto il momento magico di quegli ultimi giorni.

Ma non era un suo sms.

Era una chiamata.

Di sua madre.

– Mamma? – rispose lei interrogativa. Strano che la richiamasse a pochi minuti dalla loro prima telefonata.

– Kiki, senti, mi è venuta in mente una cosa... – disse Maela. – Per aiutare i due delfini.

Kiki trattenne il fiato. Ogni idea poteva essere valida, visto che lei non era riuscita a farsi venire in mente nulla.

– Perché non organizzi qualcosa per raccogliere fondi?

– Qual... qualcosa? –. Sì, ma cosa? E poi... – Io?

– Sì, tu. Non so, un'asta di beneficienza? Una lotteria? Potresti mettere in palio... i tuoi vestiti magari?

C'era una nota polemica nell'ultima frase o era lei ad avere la coda di paglia?

Sua madre continuò. – Se ti metti con Arianna e frugate fra le mille cose che avete e che non usate più potreste organizzare... una sfilata! Potreste fare una sfilata, ecco! Dico davvero. Potresti trovare qualcosa di questo tipo. Io potrei darti una mano a organizzare l'evento e a invitare gente. Potrei invitare il country club. Magari potremmo farlo alla galleria… Sai che la mia clientela è più che esclusiva.

– Dici… dici davvero?

– Certo. Pensaci. Mi sembra di capire che sia una cosa importante per te. Abbiamo raccolto fondi per un sacco di cause proprio con il country club… non vedo perché non promuovere questa.

– Io… non so che dire. Mi sembra un'idea fantastica.

Sua madre rise. Era bello sentirla ridere. – Lo è: l'ho avuta io! Pensaci – ripeté poi.

– Lo farò!

– Ci sentiamo, allora.

– Okay. E… mamma?

– Sì?

– Grazie. Grazie davvero.

– Tua madre ha avuto una bellissima idea! – le disse Ruben poco dopo mentre camminavano mano nella mano sulla spiaggia dietro casa. – Non mi hai mai parlato di lei.

Kiki lo sbirciò. Era vero. Non parlava quasi mai di sua madre con i suoi amici, a parte Arianna. E quando ne parlava con lei era per... sparlarne, in effetti. Ma stavano cambiando molte cose ultimamente.

– Eravamo un po' in rotta – disse. – Sai, in un certo senso è lei il motivo per cui sono qui.

Ruben la guardò con la faccia di uno che sta aspettando il resto del racconto.

Lei si schiarì la gola e gli raccontò del bancomat.

– Quel giorno? –. Il ragazzo sorrise. – Il giorno in cui ti ho incontrato?

– Già.

– Ah, ma allora sono un sensitivo! Sapevo che dovevi essere fermata! –. Lo disse scherzando, e Kiki gli diede una spallata, ma quando poi parlò tornò seria. – So che non avrei dovuto farlo, ma se tornassi indietro ora, penso che lo farei di nuovo.

Lui la guardò con aria interrogativa.

– Se non l'avessi fatto, non sarei qui. Con te. Probabilmente non ti avrei mai incontrato.

Ruben le fece scivolare le mani attorno alla vita. Erano uno davanti all'altra, vicinissimi, e Kiki sapeva che si sarebbero baciati, ma gli appoggiò l'indice sulle labbra.

– Aspetta. Voglio dire un'altra cosa perché è una prima assoluta.

Il ragazzo rimase in ascolto.

– Sono contenta di averlo fatto anche perché altrimenti io e mia madre non saremmo mai arrivate a parlarci come abbiamo fatto poco fa. Io sarei ancora arrabbiata con lei, perché abita ad anni luce da me anche se viviamo insieme... È la prima volta da un sacco di tempo che mi sembra di avere una mamma.

Lui sorrise. – La mamma è sempre la mamma.

– Già. Non so quanto la cosa della sfilata possa funzionare... Ho pensato di proiettare dei video di Arabella e Notturnia, in modo che tutti possano vederle.

Il ragazzo sorrise. – Sì, mi sembra perfetto! Potresti... suonare?

– C-cosa?

– Hai detto che suoni la viola, no? Quanto sei brava? Saresti in grado... tipo di fare un concerto?

Lei sgranò gli occhi. – No! Sì. Non lo so. Però...

– Però?

– Forse potremmo... ho avuto un'illuminazione! Dobbiamo telefonare a Lia e a Sandro!

– Prima dobbiamo baciarci.

La canzone dei delfini

RUBEN ERA L'UNICO in jeans fra i presenti alla galleria d'arte dell'ex modella Maela Suarez, ma era comunque elegantissimo. La camicia bianca gli sottolineava l'abbronzatura, il resto lo facevano il suo fisico atletico, il suo portamento e il suo sorriso.

Gli invitati erano tutti in giaccia e cravatta o abito da cocktail. Persino Sandro e Gioele, che Kiki aveva visto sempre in bermuda o muta da sub.

C'erano almeno sessanta persone, forse qualcuna in più: Maela era stata grandiosa come sempre a coinvolgere amici del country club, diversi clienti altolocati della galleria, giornalisti suoi conoscenti. A far crescere il numero ci avevano pensato poi Kiki e Arianna, invitando amici, compagni di scuola e di tempo libero, con i rispettivi genitori, ovviamente. Persino Giovanni Borghese aveva sparso la voce e ora era lì con un paio di colleghi. A Kiki sembrava quasi un miracolo che i suoi genitori fossero insieme nella stessa sala a un evento che la riguardava così profondamente.

Il tramonto di quel sabato inondava la galleria di riflessi dorati che accarezzavano i quadri appesi e i visi sorridenti delle persone, molte delle quali si erano già accomodate ai loro posti, qua e là fra le file di sedie che erano state disposte nell'ampia sala conferenze.

Altri invitati stavano ancora arrivando e non potevano fare a meno di fermarsi a guardare la locandina sulla bacheca di legno, all'ingresso della galleria.

LA CANZONE DEI DELFINI
CONCERTO di BENEFICENZA per LA LIBERTÀ
di ARABELLA e NOTTURNIA
Sabato 22 agosto - ore. 18.30
In collaborazione con il Centro Oceanografico
di Punta del Diavolo
EVENTO IMPERDIBILE!!!

Ma non era il testo ad attirare i loro sguardi: era la foto in primo piano di Arabella e Notturnia che si sfioravano i rostri nel blu del mare. L'aveva scattata Ruben, cogliendo un momento di amore e di effusioni davanti al quale non si poteva restare indifferenti.

All'interno della galleria, lungo una parete erano stati disposti alcuni tavoli da buffet finemente apparecchiati, dietro ai quali c'erano già i camerieri in giacca bianca che aspettavano il momento del rinfresco.

Kiki aveva le farfalle allo stomaco e il senso di attesa la stava divorando. Ancora non si capacitava di come fossero riusciti a organizzare tutto: in una sola settimana avevano raccolto il materiale, registrato e montato alcuni video amatoriali, fatto la locandina che lei stessa aveva preparato al Pc, informato gli invitati.

Ruben le sorrise mentre faceva le ultime prove con il microfono. Anche sua madre le sorrise. Stava facendo accomodare l'assessore alla cultura e sua moglie in una delle prime file, ma si voltò verso il palco, dove si trovava lei con la sua viola, e ammiccò sollevando persino il pollice all'insù.

Un attimo dopo raggiunse Ruben, afferrò un altro microfono e invitò tutti a prendere posto per iniziare.

Kiki aveva già suonato in pubblico a saggi e concerti, ma quella era la prima volta che lo faceva per una cosa tanto importante.

– Signore e signori, grazie di essere venuti. È un piacere avervi qui per una causa così diversa da tutte quelle che siamo abituati a sostenere. Non voglio svelarvi di più di quel poco che già sapete perché sarà questo bel ragazzo, uno dei giovani collaboratori del centro oceanografico di Punta del Diavolo, a raccontarci la storia di Arabella e Notturnia, due delfini femmina alle quali mia figlia – e si avvicinò a Kiki al centro del palco, mettendole un braccio attorno alle spalle – ha deciso di restituire la libertà. Ma non può farlo da sola. Ha bisogno di tutti voi. Di tutti noi – si corresse schiacciandole l'occhio. – Per questo suonerà per noi.

Il pubblico in sala applaudì sentitamente mentre Ruben si schiariva la gola e prendeva la parola.

– Buongiorno a tutti –. Era decisamente disinvolto e Kiki non poté fare a meno di esserne orgogliosa. – Sono qui per raccontare una storia il cui finale aspetta ancora di essere scritto. Da noi. Per questo è così importante. È la storia di Arabella, una delle tante tursiopi che il personale del centro oceanografico recupera ogni anno dalle reti dei pescatori. È stata Kiki a salvarla in prima persona, assieme a me e a Sandro Mazzariol, il preziosissimo veterinario del centro. Forse è per questo che Kiki si è così legata a lei da organizzare tutto ciò – disse lanciando un'occhiata complice alla ragazza, mentre con la mano indicava la sala, lo schermo alle loro spalle, il buffet. – Ma Arabella non è come gli altri delfini. Lei nascondeva un segreto che ha svelato solo a Kiki. Arabella era incinta e, dopo essere stata portata al centro e medicata, ha dato alla luce un dolcissimo cucciolo.

Fu in quel momento che sullo schermo comparve la prima rassegna fotografica di Notturnia. Un coro di "oh" stupefatti si alzò in sala.

– Ora Kiki accompagnerà le bellissime immagini che abbiamo girato per voi con la suite numero 1 per sola viola di Johann Sebastian Bach, intervallando la sua musica con una canzone davvero unica: quella dei delfini.

Kiki sorrise lisciandosi con la mano libera l'abitino di raso acquamarina che dava risalto ai suoi occhi verdi. Poi sollevò la sua viola, prese l'archetto e cominciò a suonare, mentre sullo schermo scorrevano foto e brevi videoclip di Arabella e Notturnia che danzavano nell'acqua bluastra del loro bacino controllato, circondate dalla natura incontaminata di Punta del Diavolo.

In sala si sentivano solo le note della suite: per il resto nessuno fiatava. Sembrava quasi che tutti trattenessero il respiro, rapiti dalla bellezza della musica e delle immagini che stavano vedendo. Ma fu quando il suono della viola si attenuò per lasciare spazio ai gorgheggi dei delfini che cominciò la vera magia. Molti dei presenti rimasero a bocca aperta, altri sorrisero come non avevano mai fatto in vita loro, altri ancora, soprattutto le donne, si toccarono gli angoli degli occhi con la punta delle dita per asciugare la commozione.

Una ventina di minuti dopo, al termine della suite, quando anche i gorgheggi sfumarono, la sala rimase in silenzio per diversi secondi e Kiki abbassò la viola mordendosi il labbro mentre si chiedeva come mai la fissassero.

Aveva forse sbagliato qualcosa?

Aveva la luce in faccia e non riusciva a distinguere i visi della gente. Sentiva solo il silenzio dilatarsi.

Ma se avesse visto le espressioni del pubblico, avrebbe

smesso immediatamente di preoccuparsi, perché erano tutti incantati. Letteralmente.

– Ce l'abbiamo fatta? – Kiki sgranò gli occhi mentre sua madre annuiva sorridendo. – Abbiamo raccolto la cifra che ci serviva?

– Ebbene sì, è tutto vero – disse sua madre con aria trionfante. – E probabilmente ne arriveranno altri nei prossimi giorni.

– Oh cavolo! – si lasciò sfuggire Arianna che era rimasta con loro.

Erano ancora alla galleria, diverse ore dopo il concerto, e Maela stava controllando dal computer i movimenti del conto corrente online che avevano aperto con la dicitura "Per Arabella e Notturnia".

Lia aveva un sorriso stampato sulle labbra e i suoi occhi brillavano. – È poco meno di quello che ci aveva offerto il parco acquatico, ma abbastanza per chiudere i nostri scoperti e mantenerci fino all'entrata dei finanziamenti che arriveranno in autunno.

Kiki, Arianna e Ruben cominciarono a saltellare insieme in un coro di evviva e di sììì, e presto coinvolsero anche gli altri. Kiki non poteva credere che sua madre stesse saltellando con lei, sui tacchi dei suoi sandali di marca.

E non poté credere nemmeno quando poco dopo le schiacciò l'occhio, sussurrandole: – È proprio in gamba il tuo ragazzo.

Kiki aspettava quel momento da giorni. E anche se in realtà era passata meno di una settimana dal concerto alla galleria di sua madre, l'attesa le era sembrata infinita. Stavano per arrivare tutti, Ruben, Sandro, Lia e Gioele, ma lei era andata al bacino controllato per prima perché voleva un momento tutto suo con Arabella e Notturnia. Dal giorno della raccolta fondi, il suo umore era cambiato e non si era più sentita in colpa quando andava a trovarle. Oggi poi era letteralmente al settimo cielo. Perché quello era un giorno speciale.

Era l'alba, ma non le era costato nulla svegliarsi presto. Il sole non era ancora sorto del tutto e già illuminava di rosa l'orizzonte. Kiki si ritrovò a pensare che la gente parla sempre del tramonto come dell'ora più bella per i colori e l'atmosfera, ma è perché difficilmente vede l'alba. L'alba possiede una poesia tutta sua, carica di quelle promesse che solo la prospettiva di un nuovo giorno può avere.

La ragazza respirò a pieni polmoni l'aria frizzante del mattino e sorrise.

Il mare era straordinariamente calmo. La schiena di Arabella, con l'inconfondibile pinna dorsale ricucita dall'intervento di Sandro, comparve accanto a quella perfetta della sua piccola, che le nuotava vicino come un'ombra.

– Sono qui! – esclamò Kiki e la voce le uscì alterata da una nota un po' troppo entusiasta. – Sono qui!

Le tursiopi la raggiunsero immediatamente sguazzando fino al molo appena sotto di lei, per poi emergere con i loro rostri buffi semiaperti e le file di denti in evidenza quasi volessero sorriderle.

Kiki si inginocchiò sul molo con il cuore colmo di gioia. Era da tanto, tantissimo tempo che non si sentiva così in pace con se stessa. Grazie a quelle splendide creature aveva smesso di essere arrabbiata con il mondo, perché aveva capito che a tutto c'è una soluzione. Sempre. Basta avere chiaro l'obiettivo e lottare per raggiungerlo, che sia il salvataggio di due delfini o far pace con la propria madre.

– È il momento – disse allungando le mani verso Arabella e Notturnia.

E infatti in quel preciso istante le assi del molo scricchiolarono alle sue spalle sotto il peso di qualcuno che arrivava.

Kiki si voltò e vide Ruben. Ma non era solo: con lui c'erano Sandro, Lia, Gioele e una giovane donna biondissima che non aveva mai visto.

– Ci siamo! – esultò Ruben. – Brava che ti sei messa già la muta anche tu.

Infatti loro, tranne la ragazza bionda, erano tutti in abbigliamento tecnico.

Kiki sorrise. – Non potevo perdermela, questa!

Lia intanto fece le presentazioni. – Lei è la moglie di Gioele.

– La principessa – le schiacciò l'occhio Ruben.

– Sara, lei è la nostra Kiki.

– Ho sentito molto parlare di te – sorrise la giovane donna.

Poco dopo lei, Sandro, Gioele e Lia salirono rispettivamente su una piccola barca a remi e su un gommone ormeggiati a breve distanza, mentre Kiki li guardò staccarsi dal molo con aria interrogativa.

– Scusa... e noi?

Ruben sorrise con aria complice e indicò i delfini con un cenno della testa. – Noi abbiamo l'onore di accompagnarle.

Kiki si illuminò. – Vuoi dire che nuoteremo con loro?

Il ragazzo le si sedette accanto, allungò i piedi e scivolò in acqua fra Arabella e Notturnia. Poi la guardò, compiaciuto della sua sorpresa. – Che cosa aspetti?

Lei sorrise scuotendo la testa. Le sembrava di essere di nuovo in un sogno.

Era ancora in ginocchio, allora si affrettò a liberare i polpacci, che stese verso l'acqua, per poi immergersi. La gioia che provava sembrò amplificarsi una volta accanto ai delfini, che la avvolsero come il mare in cui si era tuffata.

E si amplificò ulteriormente quando Arabella le si avvicinò da dietro infilandole il rostro nell'incavo del collo.

– Oh, mio Dio! – sussurrò, immobilizzandosi nell'acqua.

Ruben rise. – Ti fa le coccole!

Kiki voltò il viso e si ritrovò a pochi centimetri dal muso del delfino. Si guardarono e per l'ennesima volta, le sembrò incredibile che gli occhi di quella creatura fossero tanto espressivi. Poi Arabella guizzò attorno al suo corpo e tornò dalla sua cucciola.

– Ragazzi! – li rimproverò Lia dalla barca. – Voi dovreste facilitare il compito!

Ruben le sfiorò la spalla. – Andiamo.

Kiki si voltò verso i due delfini. – Venite, amori miei.

Un attimo dopo cominciò a nuotare accanto a Ruben. Una bracciata, due. Dieci. Fino a raggiungere il gommone e attaccarsi dietro. Solo allora i due ragazzi si girarono di nuovo a guardare Arabella e Notturnia. E sorrisero vedendo che li avevano seguiti.

Sandro aveva già aperto il passaggio con il mare e le due imbarcazioni sfilarono fuori della baia.

Kiki ebbe un attimo di incertezza e il veterinario se ne accorse notando che il suo sorriso era svanito. – Potranno tornare quando vogliono – le disse.

Ma non era quella la preoccupazione della ragazza. – L'importante è che siano al sicuro. Notturnia è così piccola...

L'uomo sorrise. – Se la caverà alla grande. E poi saranno monitorate.

Ruben le sfiorò la spalla per indicarle Notturnia, che in quel momento saltava dall'acqua tuffandosi fra gli spruzzi in una danza gioiosa. Sembrava quasi l'avesse sentita e volesse rassicurarla. O forse era la felicità di nuotare in mare aperto per la prima volta?

Ma poi anche Arabella si produsse in una serie di salti spettacolari e Kiki ebbe la certezza che fossero davvero per lei. E quando un attimo dopo, emersero insieme voltandosi a guardarli, ne ebbe la conferma assoluta, perché le sentì gorgheggiare a più riprese.

Stavano cantando la loro canzone per lei.

Per tutti loro.

Per ringraziarli della libertà e della vita meravigliosa che stava per iniziare.

E Kiki sapeva che non avrebbe mai dimenticato quel momento, né quel canto che apriva il cuore.

Indice